中華文化叢書

燈謎

燈謎，自誕生以來，歷經三千餘年風雲變幻，是古往今來中華民族勞動人民智慧的結晶，亦成為中國傳統文化的代表之一。燈謎文化，在含蓄委婉、清新典雅之餘，又不失恣意曠達的豪邁情懷，堪稱中國傳統文化大觀園裡的一顆璀璨明珠。

朱致翔○編著

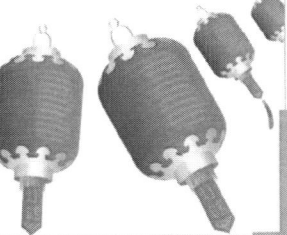

 崧燁文化

前　言

　　說到"燈謎"二字，大家都會聯想到新春、元宵等佳節上娛樂助興的節目。誠然，如今的燈謎其主要作用便在於此。從類別來說，它並不拘泥於文義與實物，由此還衍生出各式各樣的花式燈謎，如畫謎，即以畫為謎面；書法迷，即以書法為謎面；印章謎，即以印章為謎面……從構成來說，謎面與謎底的結構全憑制謎者的喜好，可以引詩詞用典故，也可以自製七律，"雜亂無章"也未為不可。它技巧多樣、形式多變、內容多元，謎底往往既在情理之中，又在意料之外，這給燈謎的猜射增添了不少樂趣。

　　上述的燈謎是一個狹義的概念。燈謎還有不同的名字：文虎、打虎、射虎、商燈等等。之所以稱之為"燈謎"，是因為在兩宋時期有人將謎寫在了燈上，後來這種做法和叫法便傳承下來了。古人還將燈謎比作虎，借此比喻燈謎猜射難度之大，因此猜燈謎又叫"打文虎"，這便與"燈"沒有多大聯系了。在此之前的某些謎或者在此之後那些沒有被寫在燈上的某些謎也可以稱為燈謎。

　　燈謎是謎的一種，它與謎語是不同的分支，又有相同的起源。在古代，燈謎與謎語合稱為謎，當然各個朝代有不同的稱謂，諸如：隱語、廋辭、增損、離合等等。謎的劃分依據就是別解，燈謎是需要別解的謎；而謎語只需要直譯即可。換言之，只要能別解的謎都可以列入燈謎的行列。

　　在古代，謎的作用並不只在於娛樂，它還是傳遞重要情報的載體，是士人精神的寄託，甚至還是選拔人才的工具。人們將自己想說又不能明說的話編撰成謎，這樣可以繞過某些不相干的人，只有懂得別解的人才能解讀出真正的含義。

　　筆者查閱了眾多文獻資料，但其中很少提及燈謎的定義。筆者根據燈謎的起源與發展，在文中給出了燈謎的定義。就單本書籍而言，也很少有較為完善的燈謎歷史。因此，筆者認為有必要編寫一本講述燈謎的圖書。

　　由於筆者能力和閱歷有限，也許個別地方講述得不是很到位，希望讀者朋友不吝賜教。

朱致翔

目　錄

第一編　燈謎文化的歷史長河... 1
　一、上古先秦時期的《彈歌》...................................... 2
　二、文人墨客口中的"隱語".. 4
　三、從"離合"到"增損".. 8
　四、"謎"的形成 11
　五、"燈"與"謎"的結合... 14
　六、新的藝術形式——商謎.. 17
　七、明清盛行猜謎之風... 20
　八、燈謎的南宗北派... 23
　九、抗日戰爭時期的燈謎... 27
　十、數位資訊時代的燈謎... 29

第二編　中華文化瑰寶中的璀璨明珠.................................. 31
　一、燈謎與謎語之別... 32
　二、隱形字謎之解... 35
　三、世界上最美的文字... 38
　四、謎格的神秘面紗... 40
　五、極為嚴格的燈謎製作... 43
　六、淺談中國謎社... 46

第三編　五彩紛呈的燈謎世界 49
　　一、源遠流長的中華謎史與燈謎文化 50
　　二、燈謎的傳統美學與審美價值 52
　　三、各式各樣的燈謎風格 57
　　四、燈謎文化藝術之鄉 60
　　五、燈謎文化的意義 65
　　六、燈謎藝術走向世界 70

第四編　可驚可愕的謎語故事 73
　　一、小徒弟巧解魯班謎 74
　　二、才高八斗之東方朔 76
　　三、白水真人的由來 79
　　四、諸葛亮破鴻門宴 80
　　五、三國奸雄的才學 83
　　六、猜謎結良緣 87
　　七、柴紹妙解無字燈謎 89
　　八、蘇軾妙解半句謎 91
　　九、秦少遊秋香亭求婚 93
　　十、活半仙難測自己命 94
　　十一、"田"字謎三則 96
　　十二、四大才子與謎 98
　　十三、李時珍解謎 103
　　十四、皇帝是個"老頭子" 105

第五編　妙趣橫生的花色燈謎 107
　　一、實物謎 108
　　二、畫謎 110
　　三、數學謎 112

四、缺字謎 114

　　五、書法謎 115

　　六、印章謎 116

　　七、動作謎 118

　　八、加注謎 119

　　九、連環謎 121

　　十、置換謎 122

　　十一、即景謎 123

第六編　猜謎技巧一覽悉 125

　　一、字形解謎 126

　　二、字義解謎 130

　　三、一謎多底與舊謎新猜 137

　　四、謎格解謎 139

第七編　經典燈謎賞析 151

　　一、龍山燈虎 152

　　二、隱林 157

　　三、廿四家隱語 163

　　四、十五家妙契同岑集謎選 168

　　五、絕妙集 173

　　六、四子穀音 179

　　七、張黎春燈合集選錄 184

　　八、春謎大觀 189

　　九、十四家新謎選 194

第一編　燈謎文化的歷史長河

　　中華文化源遠流長，博大精深，燈謎更是文化大花園中的一朵奇葩，它凝聚了中華民族勞動人民幾千年來的智慧。燈謎獨立於詩、詞、歌、賦等文體，是中華文化所特有的一種能夠訓練思維能力和語言能力的巧妙形式，也是一項極具民族性、群眾性、趣味性的娛樂項目。其歷史之悠久，底蘊之深厚，結構之巧妙，趣味之豐富，更是中華文化的重要組成部分與集中體現，其地位無可取代。

一、上古先秦時期的《彈歌》

　　燈謎的起源可以追溯到先秦時期。當時的《彈歌》便是燈謎的萌芽，距今約有三千多年的歷史了。當然那個時候還沒有"燈謎"一說，甚至還不能稱之為"謎"。

　　《吳越春秋》裡面記載，在春秋戰國時期，越國國君勾踐向楚國的射箭能手陳音詢問弓彈的道理所在，陳音引用了《彈歌》裡的內容回答勾踐："范蠡進善射者稀。"勾踐詢以弓彈之理，陳音於應對中引古歌曰："斷竹，續竹，飛土，逐肉。"《吳越春秋》雖是東漢時期的趙曄所著，記錄較晚，但從《彈歌》的語言形式和內容加以推敲，這首短歌很可能是從原始社會時期經口頭流傳下來的，而後再由後人記錄。它是一首反映原始社會勞動人民樸素的狩獵生活的短詩，雖短小精悍，僅有八個字，卻形象生動，極富生活樂趣。

　　然而，如果不看歌名，只看內容，"斷竹，續竹，飛土，逐肉"八個字，何解？

　　《吳越春秋》中還記載了這樣一段話："古者人民樸質，饑食鳥獸，渴飲霧露，死則裹以白茅，投於中野。孝子不忍見父母為禽獸所食，故作彈以守之，絕鳥獸之害。故歌曰：'斷竹，續竹，飛土，逐肉'之謂也。"意思是說，當時的勞動人民生活極為質樸，吃飛禽走獸的肉充饑，喝雨露之水解渴，在死亡之後，身上包裹著白茅，便放置於原野之中。有孝子不忍心看到父母的遺體被鳥獸分食，因此，製作了"彈"來守衛遺體，以免屍體被鳥獸糟蹋。所以，就有歌流傳下來了："斬斷竹子，銜接竹子，彈飛石子，驅趕鳥獸。"

　　《康熙字典》中的"肉"字的解釋有"明珠彈於飛肉，其得不復"。這裡雖與《吳越春秋》所記載的內容不盡相同，但其意義卻八九不離十。

可見，"彈"在當時可作為一種武器，類似於"弓"的作用。不同的是，"弓"用的是箭，"彈"用的是石子。從中可知，歌的內容正是描述如何製作"彈"，製作"彈"所用到的材料以及如何使用"彈"。因此，歌名為《彈歌》。

若是以"斷竹，續竹，飛土，逐肉"為謎面，其謎底就是"彈"。這便是最早的謎。

當然，這首短歌的內容省略了很多，例如，在斷竹之前，先得砍下竹子，砍下之後需要將竹子劈開，再將竹塊銜接在一起，製成"彈"。而後，裝上石子，將其彈飛，便可驅趕鳥獸。

後來許多謎人都將其視為燈謎的起源，但因為這首短歌在當時沒有具體的記錄，所以有些謎人認為，應該以隱語作為燈謎的起源。

二、文人墨客口中的"隱語"

早在我國的夏代就已經出現了一種用來暗指某種事物或暗示某件事情的歌謠。到了春秋戰國時期,這種歌謠逐步發展、成熟,演變成一種大家都可接受的說話方式,漸漸形成一門語言,俗稱"廋辭",也稱"隱"。到了漢代,人們才在後面加了一個"語"字,稱之為"隱語"。

我們不禁要問,什麼是隱語?它是如何產生的?它有什麼作用?

這裡就為大家一一揭開疑問。先來說說"隱語"這個詞。隱語隱語,重在"隱"字,取其"隱晦"之意。《說文解字》中記載:"隱語也,從言迷。"意思是,隱語就是謎。《演繁錄》中也記載了這樣一段話,"古無謎字。若其意制,即伍舉、東方朔謂之隱者是也"。當時還未有"謎"字出現,隱語就是古時候人們對謎或者燈謎的另一種說法。

先秦時期,人們在日常生活中往往將一些想說而不能明說的話隱含到歌謠之中,借此來表明心跡,後來發展為隱語。此乃隱語產生的原因之一。

春秋史學家左丘明的《左傳·宣公十二年》中最早記錄了一則用隱語互通資訊的故事。

冬,楚子伐蕭……蕭潰……還無社與司馬卯言,號申叔展(還無社,蕭大夫。司馬卯、申叔展,皆楚大夫也。無社欲叛,以求免死。無社素識叔展,故因卯使呼之),叔展曰:"有麥麴乎?"曰:"無。""有山鞠窮乎?"曰:"無。"(麥曲鞠窮,所以禦濕)"河魚腹疾,

左丘明

奈何？"（言無禦濕藥，將病）曰："目於眢井而拯之。"（無社意解欲入井，故使叔展視虛廢井而求拯己）

　　魯宣公十二年（西元前 597 年），楚國攻打蕭國，蕭國戰敗，當時的蕭國大夫申叔展得知消息之後想向他的友人還無社報信，好讓他及時躲避，免受禍及。但還無社的府中有同僚在場，申叔展不便明說，如果不說恐怕稍後敵軍便攻進京城了。於是申叔展問道："有麥曲嗎？"還無社回答："沒有。"申叔展又問："有山鞠窮嗎？"還無社回答："沒有。"申叔展見他沒有明白自己的意思，又問："受涼之後腹痛，該當如何呢？"還無社這才明白申叔展的言外之意，麥曲和山鞠窮皆是防潮禦寒的藥物，又說魚的腐爛從魚肚開始，意思就是要他備齊此類藥品，躲藏到有水的地方。還無社回答道："請先找找枯井，再救人吧！"次日，不出所料，蕭國被攻破，申叔展在一口枯井裡找到還無社，並將他救出。

　　在中國歷史上，東漢末年及三國兩晉南北朝時期，政局動盪，社會動亂不已，戰爭頻繁，民不聊生。尤其是東漢末年，外戚、宦官手握大權，排除異己，擾亂朝綱，甚至還干涉人才選拔，暗中買賣官位，致使官場風氣日益糜爛，官場鬥爭日益激烈，政治日益腐敗。有些進言官不忍心看到朝廷腐敗之氣擴散，朝廷聲望每況愈下，仍不畏強權上書進言，彈劾腐敗官員。可誰知，宦官勢力強大，挾持皇帝下令，罷免進言官員的官職，並將其禁錮，還誣陷他們結黨營私，史稱"黨錮之禍"。從此，士人們對朝廷不抱任何希望，雖然心中充滿對黑暗勢力的憤怒，但為保自身安全，唯有謹小慎微，謹言慎行；雖胸懷大志，可惜無路請纓，只好借景抒情，托物言志了。那時候的士人將自己對黑暗現實的不滿，對朝廷腐敗官員的控訴，以及自己遠大的理想抱負，隱晦於詩詞歌賦之中。於是，在當時出現大量的詠物賦，例如，《浮萍賦》《朔風賦》等等，每一篇賦都是文人借助事物來隱射自己處境之淒涼，現實之黑暗，內心之無奈。曹植所作的《鷂雀賦》寫道：

　　　　鷂欲取雀。雀自言："雀微賤，身卑些小，肌肉瘠瘦，所得蓋少。君欲相啖，實不足飽。"鷂得雀，初不敢語。"頃來紘軔，資糧乏旅。三日不食，略思死鼠。今日相得，寧復置汝！"雀得鷂言，意甚怔營："性命至重，雀鼠貪生；君得一食，我命是傾。皇天降鑒，賢者是聽。鷂得雀言，意甚怛惋。當死弊雀，頭如果蒜。不早首服，烈頸大喚。行人聞之，莫不往觀。雀得鷂言，意甚不移。依一棗樹，叢薐多刺。目如擘椒，跳蕭二翅。我當死矣，略無可避。鷂乃置雀，良久方去。二雀相逢，似是公媼，相將入草，共上一樹。仍敘本末，辛苦相語。向者近出，為鷂所捕。賴我翻捷，體素便附。說我辨語，千條萬句。欺恐舍長，令兒大怖。我之得免，復勝於兔。自今徙意，莫復相妒。

這篇《鷂雀賦》主要講的便是"鷂欲取雀"四個字。曹丕記恨曹植得曹操的喜愛，於是在稱帝后幾次迫害曹植。賦中的"鷂"象徵著曹丕，而"雀"象徵著曹植，相比鷂之強大，雀只有搖尾乞憐。曹植寫下這篇賦，暗示了自己處境之尷尬。

先前說到隱語產生的原因之一，那麼定有後文。隨著社會的發展，遊戲、娛樂也隨之產生。運動、競賽、戰爭、藝術等均與遊戲密不可分，作為語言形式之一的隱語，也與遊戲有著千絲萬縷的關聯。古時候，人們為了愚弄某人，常常刻意將話語之意隱匿起來，讓人猜度，若是聽者猜想不到其言外之意，那便是被人遊戲了。

這兩個因素看似南轅北轍，互不相連，但如果一定要將兩個因素合二為一，那便是中華民族根深蒂固的傳統——含蓄。中華民族是一個含蓄的民族，有些話、有些事不可一語道破，但又不可不說，只得將其中的意思隱藏到話語之中，這便是隱語。

談及隱語的作用，更是不可小覷。隱語曾是一門職業，有人專門解讀和編撰隱語。《說苑·正諫》中記載了這樣一段話：

晉平公好樂，多其賦斂，下治城郭，曰："敢有諫者死。"國人憂之，有咎犯者，見門大夫曰："臣聞主君好樂，故以樂見。"門大夫入言曰："晉人咎犯也，欲以樂見。"平公曰："內之。"止坐殿上，則出鐘磬竽瑟。坐有頃。平公曰："客子為樂？"咎犯對曰："臣不能為樂，臣善隱。"平公召隱士十二人。咎犯曰："隱臣竊顧昧死禦。"平公諾。咎犯申其左臂而詘五指，平公問於隱官曰："佔之為何？"隱官皆曰："不知。"平公曰："歸之。"咎犯則申其一指曰：

"是一也,便遊赭盡而峻城闕。二也,柱梁衣繡,士民無褐。三也,侏儒有餘酒,而死士渴。四也,民有饑色,而馬有粟秩。五也,近臣不敢諫,遠臣不敢達。"平公曰善。乃屏鐘鼓,除竽瑟,遂與咎犯參治國。

春秋時期晉國的國君晉平公喜好音樂,但是其苛捐雜稅繁重,經常擴建城池勞民傷財,還揚言說:"誰要是敢來勸諫,處死。"有個名叫咎犯(即狐偃)的晉國大卿以善於音樂為名觀見晉平公。晉平公讓他奏樂,他卻說:"我不會奏樂,我擅長隱語。"於是晉平公就叫來十二個專門研究隱語的人。咎犯伸出左臂五指彎曲,那十二人都不知道是什麼意思。咎犯說:"第一,到處遊玩使山林草木成為荒地,還要大興土木;第二,房梁上的布料都是刺著繡的,但是有些百姓卻無衣可穿;第三,這裡的奴婢都有喝不完的酒,但是宮外卻有渴死的人;第四,百姓饑餓不堪,而這裡的馬卻有糧可吃;第五,近的臣子不敢勸諫,遠的臣子不敢說話。"晉平公聽後,放棄了鐘鼓竽瑟,和咎犯一起治理國家。

可見,隱語在當時甚為流行,甚至設有專門處理隱語的官員。有一段時期,各國還以隱語為標準選拔人才,能答出考官出的隱語之中所指為何物的,便可封侯賞田,成為大官。隱語為世人所重視,可見一斑。

南朝梁劉勰的《文心雕龍·諧隱》記載著隱語的作用:"隱語之用,被於紀傳,大者興治身,其次弼違曉惑。"從大的方面講,隱語可以安邦興國,修身養性,其次還可以糾正過錯,明辨是非。

任何一種文化都不是一蹴而就的,是靠千百年的傳承與積澱、凝結與補充,進而彙聚而成的。隱語在中華謎史上起著承上啟下的作用,上承上古先秦時代的隱晦歌謠,下啟謎之所成。

三、從"離合"到"增損"

到了東漢末年,隱語的發展開始出現了分支,朝事物謎和文義謎兩個方向發展。當時的文義謎沒有衍生開來,因此又稱"離合"。所謂"離合",即利用文字的結構特點,將字按照筆劃進行拆分,由猜謎者再將其拼合。將字體拆開即為"離",拼合成字即為"合"。

當時董卓當權,強虜百姓,致使百姓生活於水深火熱之中,因此,民間有歌謠唱道:"千里草,何青青;十日卜,不得生!"暗喻"董卓該死"。其實,這便是一則離合,是將"董卓"二字拆分為"千里草"與"十日卜"隱藏到歌謠之中,控訴董卓的暴行,抒發百姓對他的無比憎恨之情。

《世說新語‧捷語》中記載,有一次,曹操和群臣經過曹娥碑,看見石碑上題有"黃絹幼婦外孫齏臼"八個大字,便問身旁的楊修:"這是一則謎,你能解嗎?"楊修馬上回答:"能。"曹操遲疑片刻,說:"你先別立刻說出口,我們各自再好好想想。"於是在眾人向前走了三十里後,曹操和楊修分別將心中的謎底寫下。楊修的謎底是"絕妙好辭"。黃絹,就是有顏色的絲綢,黃,色也,絹,絲也,合併在一起乃是一個"絕"字;幼婦即少女,合併之後乃是一個"妙"字;外孫是女兒的孩子,合起來是一個"好"字;齏臼,即搗粉末的容器,是一個"辭(辤)"字。曹操所想的謎底和楊修一樣,他感歎道:"我的才智和

曹操

楊修有三十里之差啊！"曹娥碑上的碑文是第一則以完整形式出現的謎。它既包含謎面，也包含謎底，只是省略了謎目，使用的是離合之法，後代謎人將其推許為"文義謎之宗"。

東漢時期，"建安七子"之一的孔融便創立了六字離合。其文曰：

漁夫屈節，水潛匿方；（魚）
與時進止，出寺馳張。（日）
呂公磯釣，闔口渭旁；（口）
九域有聖，無土不王。（或）
好事正直，女固子藏；（子）
海外有截，隼逝鷹揚。（乚）
六翮將奮，羽儀為彰；（鬲）
龍蛇之蟄，俾它可忘。（虫）
玟璿隱曜，美玉韜光；（文）
無名無譽，放言深藏；（興）
按轡安行，誰謂路長。（才）

謎底就是"魯國孔融文舉"，將這六個字拆分為魚、日、口、或、子、乚、鬲、虫、文、興、才。此文一直被視為離合的開端。

離合的盛行有其歷史原因。劉勰所著的《文心雕龍·明詩》中記載："離和之發，則萌於圖讖。"圖讖即讖緯，是讖書和緯書的合稱，是兩漢時期的巫師、方士編造的一種宣揚神學的隱語或預言，用於預示吉凶。自王莽、劉秀以來，讖緯之學大盛，更有流傳"七緯"，《易緯》《尚書緯》《詩緯》《禮緯》《樂緯》《孝經緯》和《春秋緯》。讖緯之言需借離合，因此，離合也隨之盛行。

離合只是在字的字形結構上加以分解合併，有很大的局限性，因此，"增損"便應運而生了。增損即增加與減少，是由離合引申出來的，也是利用漢字的櫛字特點，把字的偏旁、筆劃加以增加或減

孔融

少，從而組成一個新的字。西晉陳壽所著的《三國志·吳書·薛綜傳》記載："有犬為獨（獨），無口為天。""犬"字加"蜀"字是一個"獨"字，屬於增加型；"吳"字去掉"口"字為"天"字，屬於減少型。

三國兩晉南北朝時期，增損大興，同期還出現了會意、實物謎、詩謎、字謎等等。隨著時間的推移，增損之法逐漸成熟，先前只針對一個字的增損，發展為可以在謎面的適當位置增加或減少一個字或多個字的廣義增損，以便更好地理解。例如：

不（打成語一）。謎底為"一口否定"。在謎面上加一個"口"字，就是一個"否"字，即可猜得謎底。

呵（打成語一）。謎底為"不置可否"。在謎面上加一個"不"字，意為，將"不"字安置在"口"字上方，與"可"字合併為"否可"二字。

從離合到增損，人們將自己的所見所聞所思凝聚其中，是其聰明才智的體現。

四、"謎"的形成

古時候沒有"謎"這個字，雖有謎意，卻不叫"謎"，稱之為"隱語""離合"，諸如此類。到了南北朝時期，"謎"字才逐漸形成。當時南朝宋文學家鮑照將其所作《字謎三則》收入其詩集之中，分別以"井""土""龜"字為原型。字謎為：

二形一體，四支八頭，

四八一八，飛泉仰流（"井"字謎）。

乾之一九，只立無偶；

坤之二六，宛然雙宿（"土"字謎）。

頭如刀，尾如鉤，

中央橫廣，四角六抽，

右面負兩刃，左邊雙屬牛（"龜"字謎）。

劉勰的《文心雕龍·諧隱》中記載著這樣幾句話："自魏代以來，頗非俳優，而君子嘲隱，化為謎語。謎也者，回互其辭，使昏迷也。"謎語即是隱語，通過言辭令對方迷亂，這種言辭稱之為"謎"。此時才真正給"謎"字下了定義。從此，"謎"字也廣為流傳了。

說到古時候的謎，就得說說古時候謎的分類，其大體分為兩類，一類是文義謎，另一類是事物謎。文義謎便是如今的燈謎，鮑照所作的《字謎三則》便是文義謎的典型例子。相對於文義謎，事物謎就是民間謎語。

謎的構成也很簡單，由謎面、謎目和謎底構成，但謎的風格各異，分為主流、典雅與民間三類。主流風格的謎其實並不幽默有趣，相反，其內容有

些嚴肅，主題正派。例

寬一分，民受賜不止一分；取一文，我為人不值一文（打宋代畫家連字）。

謎底為"張擇端正道"。

至於典雅風格的謎，就很好理解了。它是文人墨客展示才華的最好形式，哪個人出的謎文采最佳，切合時宜，用典最妙，緊扣謎底，而謎底往往又是在意料之外情理之中的，此人便是大家公認的才人。例如：

梅花數點誰曾識？自有山中臥雪人（打唐詩句一）。

謎底為"安知天地心"。宋代翁森所作的《四時讀書樂》中有云："讀書之樂何處尋，數點梅花天地心。"謎面問道："誰曾識？"即"識誰"，與"數點梅花天地心"相扣，得"知天下心"四字。《後漢書·袁安傳》卷四十五李賢注引《汝南先賢傳》記道："時大雪積地丈餘，洛陽令身出案行，見人家皆除雪出，有乞食者。至袁安門，無有行路。謂安已死，令人除雪入戶，見安僵臥。問：'何以不出？'安曰：'大雪人皆餓，不宜干人。'令以為賢，舉為孝廉也。"意為，一年冬天大雪，洛陽令冒著大雪去拜訪袁安，不料他的庭院內積雪很深，袁安自己蜷縮在床，瑟瑟發抖。洛陽令不解，問他："為什麼不求人幫忙接濟一下，反而讓自己在此受凍？"袁安回答道："如此大雪，大家都沒好日子過，又何必去叨擾呢？"成語"袁安困雪"形容高士雖然清貧但時刻保持賢德，正是出自這則典故。因此，不難看出謎面中的"臥雪人"實則暗指袁安，扣一個"安"字。"安"字與"知"字合併，有反問之意，與謎面前半句的反問相呼應。謎底出自唐代張巡的五言律詩《聞笛》，"不辨風塵色，安知天地心"。

民間謎，光是看名字就知道是來自民間百姓口頭流傳的謎。這類謎讀起來朗朗上口，謎底大多是眾所周知的事與物，較為好猜，多作娛樂之用。例如：

左邊久加久，右邊九十九（打字一）。

謎底為"柏"。

存心不讓出大門，說你煩人不煩人（打字一）。

謎底為"悶"。

燈謎歷經彈歌、隱語、離合與增損，至此才真正稱之為"謎"。它是歷史的濃縮，亦是時代的印證。

五、"燈"與"謎"的結合

自"謎"字出現後，謎中的愁緒和寄託便少了幾分，反倒增添了不少幽默與詼諧，使謎逐步往遊戲、娛樂、民間方向發展。謎不再只是文人墨客交流心意、比試才藝的方式，也不再只是皇家貴族的專屬娛樂活動，平民百姓也能參與到解謎的活動中來。

北宋時期的元宵節不僅張燈結綵，街市不夜，也有猜謎的習俗了。

一時歡樂一時愁，想起千般不對頭。如若想得千般到，自解憂來自解愁。

這首詩就是一則謎，它的謎底正是"猜謎"二字。

相傳，南宋時期，有個財主姓胡，富甲一方，家財萬貫，卻蠻橫無理，刁鑽霸道，為人極其陰險，笑裡藏刀，所以人們暗地裡稱他為"笑面虎"。這位胡姓財主一見到衣著光鮮、風流倜儻之人便上前巴結，恨不得將人請至家中，結為異姓兄弟；而看見衣衫襤褸、一臉窮酸之人便惡言相向，恨不得上去踹他幾腳方才解氣。

有一年除夕，胡府門前來了兩個人，第一個穿戴整潔，衣著亮麗，第二個卻衣不蔽體，可能是饑餓過度，走起路來都身搖體晃。開門的家丁見到第一個人就知道他身份不凡，於是急忙跑到胡財主房裡，告訴胡財主門外來了貴客。胡財主一聽到"貴客"二字，喜出望外，忙整理自己的帽子衣裳，趕去大門相迎。見到來客果真如家丁所說，便笑臉相迎，對其畢恭畢敬。來客想要借銀子十兩，他馬上命人去取，雙手將銀兩遞到來客手中。

胡財主還沉浸在剛才的喜悅之中時，第二人便上前恭敬地作揖道："老爺，小人王少，因家中糧食短缺，實在無法度年，希望老爺行行好，借小人幾斗米。來年糧食豐收，小人必定雙倍奉還。"胡財主瞅了瞅，見他窮酸至極，臉色頓變，先前的點頭哈腰獻媚之態消失無蹤，取而代之的是一副凶神惡煞的表情，呵斥道："你這小廝，光天化日之下出現在我府前，我沒有讓你賠償玷污府宅的費用算是仁至義盡了，你還敢問我要米？還不快滾！"王少連說句話的機會都沒有，便被家丁轟了下去，只得灰溜溜地回了家。

回到家中，他越想越生氣：因為窮困潦倒，我走投無路才想向他借些米，不過區區數斗而已，對他偌大的胡府家業來說根本不值一提，他不借也就罷了，反而污辱我的人格，還命家丁將我轟了出來，這口氣實在是難以下嚥。

辭舊迎新，春節已過，元宵將至，家家戶戶忙著做花燈，並將花燈掛在門口，取其圓滿團圓之意，也寄託著對新的一年的期盼，期盼日子過得紅紅火火。到了元宵夜晚，家家戶戶花燈高掛，如同白晝，人們上街遊玩，喜氣洋洋。王少特意提著一個大花燈上了街，花燈特別大，比所有人的都大，而且特別亮。花燈上面還寫了不少字，特別顯眼。王少來到胡府前，將花燈舉過頭頂，遠遠便可看見，吸引了不少看熱鬧之人。胡財主此時正站在府門前觀燈，看見自家門前湧來了那麼多人，也忍不住擠上前去看熱鬧。燈上寫著字，人們指著花燈，笑得人仰馬翻。胡財主不認得幾個字，便叫其管賬的念給他聽。管賬的念道："頭尖身細白如銀，論秤沒有半毫分；眼睛長到屁股上，光認衣裳不認人。"

謎燈

胡財主一聽就知道其中的一些端倪，加之挑花燈的正是除夕前被趕出去的窮酸小子王少，一下子明白過來了，那個臭小子肯定是在罵自己，怪不得大家都圍在府前看笑話。於是，胡財主極為生氣，喊道："有什麼好看的，竟敢堵在我府前，還不散了去？"說罷，便命家丁去把花燈搶來。王少急忙護著花燈，笑笑但又裝得很是無辜："老爺為何如此生氣，還要命人來奪小人的花燈？"胡財主虎視眈眈，面紅耳赤，道："你自己說，燈上寫了什麼字？"王少大聲地讀了一遍。胡財主暴跳如雷："這擺明瞭就是在罵我！好小子，今天本老爺叫你吃不了兜著走！"王少更是裝得滿臉無辜："老爺定是多心了，小人的這幾句詩其實是一個謎，謎底是'針'。您想想，針是不是頭尖身細白如銀，論秤沒有半毫分，眼睛長到屁股上，光認衣裳不認人？"胡財主仔細一想，也是，確實是"針"，只好乾瞪著眼，由著王少挑著花燈揚長而去，看花燈的行人嬉笑不停。

事情越傳越遠，燈謎也隨之流傳開來。

翌年元宵，人們紛紛在花燈上寫謎，提到街上，相互猜射。文人雅士們更是開始在絹燈之上寫詞作詩，或繪畫人物，或作藏頭隱語，以遊戲行人。

《武林舊事》中記載："元宵佳節，帝城不夜。春宵賞燈之會，百戲雜陳。詩謎書於燈，映於燭，列於通衢，任人猜度；所以稱為燈謎。"從此，"燈謎"一詞便廣為流傳，元宵猜燈謎的活動也一直流傳下來。

六、新的藝術形式——商謎

隨著歷史的發展，到了兩宋時期，猜謎不再只是由猜射者單方面構成了，而是制謎者與猜射者面對面，當場出謎，當場猜謎。

宋代孟元老所著的《東京夢華錄》中記載："商謎者：一人為隱語，一人猜之，以為笑樂。"南宋時期，耐得翁所著的《都城紀勝·瓦舍眾伎》有一句話："說話有四家：一者小說，謂之銀字兒，如煙粉、靈怪、傳奇。說公案，皆是樸刀杆棒及發跡變泰之事。說鐵騎兒，謂士馬金鼓之事。說經，謂演說佛書。說參請，謂賓主參禪悟道等事。講史書，講說前代書史文傳、興廢爭戰之事。最畏小說人，蓋小說者能以一朝一代故事，頃刻間提破。合生與起令、隨令相似，各佔一事。商謎，舊用鼓板吹《賀聖朝》，聚人猜詩謎、字謎、戾謎、社謎，本是隱語。"耐得翁將商謎列為"說話四家"之一，可見在當時，商謎是一種廣為流傳的說唱藝術，由商者和來客雙方表演，商者出謎，來客猜射，有問有答，說唱談樂。

"商謎……本是隱語。"可見，商謎是由隱語發展而來的，它雖然是一門說唱藝術，但其內容依舊沿用了傳統隱語手法。宋徽宗趙佶統治後期，社會空前繁榮，以開封最盛。汴河橫跨開封，水道發達，往來船隻、商旅絡繹不絕，使得開封成了當時的經濟文化交流中心。傳統形式的猜謎活動已經滿足不了人們對更高層次的娛樂形式的需求。宋朝人好制謎又好猜謎，有藝人就以猜謎語為內容，創造了一種新的表演技藝。因此，商謎便應運而生了。客與商偶爾相遇，即可進入對答當中。

當時出現了一些廣為流傳的謎。例如"日"字謎，謎曰："畫時圓，寫時方，寒時短，熱時長。"答曰："東海有一魚，無頭亦無尾。除去脊樑骨，便是這個謎。""用"字謎,謎曰:"一月複一月,兩月共半邊。上有可耕之田,下有長流之川。六口共一室,兩口不團圓。"答曰:"重山複重山,重山向下懸。明月複明月,明月兩相連。"這些謎的謎意通俗易懂,讀之朗朗上口,這正是商謎的一大特點,既有利於制謎,又有利於猜謎。商謎可作為表演技藝,也可作為大眾娛樂。因此它對謎本身的要求也不像原先隱語那般講究,可不必追求謎面是否引用詩句、是否入典、是否露春等等,只需底面大致扣合,簡單明瞭、富有趣味即可。

明代文學家馮夢龍輯評《桂枝兒》中就記載了一則關於蘇軾與蘇小妹、秦少遊唱和對謎的故事。

一日,秦少游給蘇軾出了一則謎:

> 我有一間房,
> 半間租與轉輪王。
> 有時射出一線光,
> 天下邪魔不敢當。

蘇軾一聽便知謎底,但刻意不答,給秦少遊回了一則謎:

> 我有一張琴,
> 琴弦藏在腹。
> 憑君馬上彈,
> 彈盡天下曲。

秦少遊百思不得其解,回到家中將所發之事說予蘇小妹聽。聽罷,蘇小妹便猜得謎底,可誰知她也沒有告訴秦少遊,而是回了一則謎:

> 我有一隻船,
> 一人搖櫓一人牽。
> 去是牽纖去,

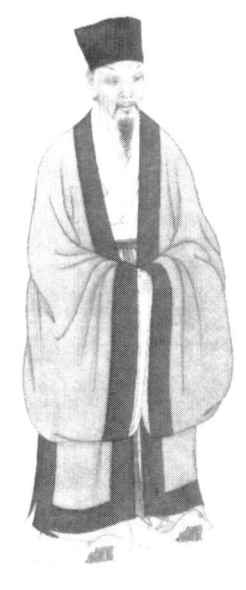

蘇軾

秦少遊

來時搖櫓還。

　　蘇小妹見秦少游滿頭霧水，又道："我的謎底正是大哥的謎底，大哥的謎底正是你的謎底。"秦少游恍然大悟，原來大家所作的謎其謎底均是"墨斗"。

　　猜謎之風早已形成，謎語文化日益健全，但是作為一種集說唱談笑於一體的娛樂形式，宋代商謎是獨一無二的。它的出現，使得燈謎雅俗界限越來越模糊，燈謎的政治色彩越來越淡化，更多的尋常百姓加入制謎猜謎的活動中來。然而，在傳統思潮的影響下，燈謎不可能完全被娛樂化，一部分燈謎應和時代發展潮流，融入遊戲娛樂當中，還有一部分燈謎仍然堅守著"雅"的底線。因此，燈謎在文義謎與事物謎的基礎上再一次分化，重新定義了文義謎，即"雅"。這也是燈謎在漫長的發展道路上所必須經歷的。商謎雖然被劃分為民間謎語行列，但它這種獨樹一幟的唱和對謎形式對後來的猜謎形式產生了一定的影響，後來的一些燈謎活動也在一定程度上借鑒了商謎的表演形式，例如雜劇。

七、明清盛行猜謎之風

一燈如豆掛門旁，草野能隨藝苑忙。欲問還疑終繾綣，有何名利費思量。

到了明清時期，燈謎盛行，尤其是在元宵佳節之時，家家戶戶門前掛有謎燈。謎燈大多為方形，有東南西北四面，其中三面貼有題簽。這時把猜謎高手稱為"謎師"，更有喜好猜謎者組成謎社，謎社謎師雲集，或研究解謎，或制謎取樂。

朱元璋

明代的燈謎，不僅繼承了宋代以來的文義謎和事物謎，還另闢蹊徑，發展了新的種類—畫謎。畫謎，顧名思義，就是以圖畫作為謎面，根據圖畫的指示加上謎目的提示，猜出謎底。相傳明洪武年間發生的一樁奇案便與畫謎相關。

相傳有一年的元宵節，明太祖朱元璋換上便服，帶上幾名侍衛，微服出宮，逛城賞燈猜謎。街上掛著各式各樣的謎燈，猶如白晝，其中一盞謎燈上畫了一幅畫，吸引著過往的文人。有時大家相互對視凝望，有時笑得人仰馬翻，新奇之後離去之時還相互談論著。朱元璋甚是好奇，也擠進去觀望。

只見燈上畫了一位婦女，懷抱著兩個大西瓜。這位婦女光著一雙腳，同其矮小的身材相比顯得格外的大。這幅畫的旁邊寫有一句"打一句俗語"。朱元璋看了一眼便猜出了大概，頓時眉頭皺起，甚為不悅。但他刻意不說，問身邊的幾個書生，此題何解。四周頓時安靜了下來，幾個書生一副欲言又止的樣子，最終還是搖搖頭離去了。正在這時，朱元璋的身後傳來一個年輕人的聲音。他說："女子同眠，雙又並肩，人挑扁擔，月去耳邊。"眾人聽罷，皆搖頭歎氣。

其實，這個年輕人說的四句話也是一個謎，"女子同眠"是一個"好"字，"雙又並肩"是一個"雙"字，"人挑扁擔"是一個"大"字，"月去耳邊"是一個"腳"字，加起來就是"好雙大腳"四個字。畫中婦女懷抱大西瓜，而"懷"與"淮"同音，合起來就是"淮西有個大腳女"，暗諷朱元璋的馬皇后生於淮西且腳大。

聽罷，朱元璋怒髮衝冠，青筋暴露，隨即命侍衛暗中在城中沒有製作謎燈的百姓家門上貼一個"福"字。次日清晨，朱元璋派遣官兵逐一排查，但凡門上沒有貼"福"字的，一律斬殺，一時間城中哀鴻遍野。這就是由一個燈謎所引起的慘案，故稱"燈謎奇案"。

當時的實物謎也較為盛行，所謂"實物謎"，就是以具體事物作為謎面。

《謎史》之中也記載，"猜謎亦有以實物為謎面者"。

據記載，清代紀曉嵐在任職官至學士之時，他的親家盧雅雨為當朝的鹽運使，但這個人暗中結交權貴，貪污受賄，私用公款，中飽私囊，且揮霍無度。經禦史彈劾，朝廷準備下查。紀曉嵐第一時間得知此消息，急忙派下人給親家傳信，也好讓他早做準備，好自為之。但細細一想，茲事體大，萬一信件內容外泄，便會牽連自身，一旦皇帝下查，就會落得個死無葬身之地；又想到，即便盧雅雨再罪無可恕，可說到底還是親家，看在兒女份上也應盡一下人情。

於是，他命下人找來一個信封，裡面裝有

紀曉嵐

一小撮茶葉，並以摻有鹽的糨糊封口。盧雅雨接到書信，拆開一看，信中沒有一字，百思不得其解。偶然間，信封被吹落到他的臉上，他察覺出糨糊竟然是鹹的，仔細一想，便恍然大悟，原來是親家得知朝廷要下查的消息，從京城發來書函告知實情。

"茶"與"查"同音，而糨糊之中又夾雜著鹽，盧雅雨於是心知肚明，朝廷是要"查官鹽"。翌日，盧雅雨命家丁將大部分財產秘密轉移，才躲過了一場浩劫。

清代，謎社極為流行，頗負盛名的謎社有竹西後社、萍社等等。謎師們聚於一起，研究謎史，探究謎藝，探討謎論。他們各個極富才情，且熱衷於謎學。因而制謎也極為講究，謎面、謎底要引用古詩詞或入典，力求唯美，方才列為上上之作。

清代梁紹王的《兩般秋雨庵隨筆》中記錄了一道流傳甚廣的燈謎，有人還稱之為"史上第一燈謎"。謎曰：春雨綿綿妻獨宿（打字一）。

謎底為"一"字。"春雨綿綿"便是陰天，也就是沒有太陽，所以"春"字要去掉下面的"日"字；"妻獨宿"意為"夫不在"，還要去掉一個"夫"字。因此，謎底就是一個"一"字。

清代末年，外強侵略不斷，國門被迫洞開，戰爭不已，西方思潮不斷湧入，以致在被迫開放的沿海城市，普通百姓也能隨口說出幾句英文。有一位名為張起南的制謎大師別出心裁地製作了一道外文燈謎，謎曰：good morning（打字一）。謎面是西方人相互問早的一句交流語，會意為"西方言早"，合在一起便是一個"譚"字。

明清時期，隨著猜謎之風的日漸盛行，燈謎也逐漸成為上至天子朝廷、下至尋常百姓日常生活不可缺的一部分，人們或從中取樂，或暗藏玄機、交流心意。隨著朝代的更替，人們不斷添加新的元素，才使燈謎與時俱進，永葆青春。

八、燈謎的南宗北派

辛亥革命之後，燈謎活動依然盛行，受到眾多百姓的推崇，加之當時有關燈謎的刊物大量發行，燈謎的流傳有了更為顯著的突破。在地域、風俗等眾多不同因素的影響下，再加上謎書謎刊一呼百應的傳播效果，燈謎很快便形成了不同風格流派，尤其是以南北為分界線的燈謎流派——南宗北派。

南宗北派，是燈謎的兩種不同流派，即北派和南派（亦稱南宗），是根據燈謎的制謎風格不同而凝聚起來的兩大流派。

流派，即風格相同或相近的組合到一起，形成的一個公認的派別。談及燈謎的流派，有必要先說說燈謎的風格。

風格即人。燈謎的風格即製作該燈謎的謎師的風格。燈謎作品同其他文學藝術作品一樣，反映著作者的個人風格，燈謎的魅力同樣代表作者的個人魅力。作者是有個性的，因此燈謎也是極具個性的，這是燈謎與生俱來、無法改變的。一位謎師一生之中會創作出許許多多的燈謎，將其所有的燈謎結合起來就是這位謎師一生的寫照，是獨一無二的，是燈謎大河中的一條小支流。一些藝術品類、價值取向相近的謎師聚集到一起，共同製作出風格相近的燈謎，久而久之，便形成一個流派。

南宗北派的劃分始於辛亥革命勝利之後。當時在京的文人雅士、知識青年組織了不少民間文化組織，有詩詞社、隱秀社、射虎社等等，其中影響最大的要屬射虎社。"虎"是燈謎的別稱，"射虎"也就是猜燈謎。射虎社創立於民國四年（1915年）。在上海也有另一個影響力巨大的謎社——萍社，它是在清光緒三十三年（1907年）創立的，社員先後有近百人之多。北京的射虎社與上海的萍社合稱"中國兩大謎社"，此時，南宗北派的劃分也正在醞釀之中。

杜牧

江南是南派燈謎的發源地。江南文化歷史悠久，影響深遠。它柔和細膩、含蓄委婉、清新典雅，又不失恣意曠達的豪邁情懷。南派燈謎正是受之影響，多採用會意之法，在制謎之時，要求謎面富有詩情畫意，或用典，或引用詩詞歌賦，使其看起來風韻十足，讀起來朗朗上口。

《中華謎語大辭典》在關於"南宗北派"一詞的解釋中提及："南宗注重渾雅自然，故多借典。南宗謎貴渾成，以別趣取勝，謎面多取現成的詩、詞句，扣合講究不見針跡，不拘泥一字一句之分扣。"

選自《文虎》的一則燈謎：清明時節雨紛紛（打市招語一）。

謎面出自唐代詩人杜牧的《清明》，全詩為："清明時節雨紛紛，路上行人欲斷魂。借問酒家何處有，牧童遙指杏花村。"若將謎面的"清明"二字分開，其"清""明"則分別指代清代與明代，而清明兩代國中佔主要地位的分別是滿人與漢人，扣出"滿""漢"二字；"雨紛紛"即表示"細密的雨點"，會意為"細點"。結合在一起，謎底就是"滿漢細點"。在當時，一些飯館常常以"滿漢全席""滿漢細點"招徠食客。

《春曉博雅》中也有一則燈謎：人面桃花相映紅（打四書句一）。

謎面的詩句選自唐代崔護所作的《題都城南莊》，全詩為："去年今日此門中，人面桃花相映紅。人面不知何處去，桃花依舊笑春風。"詩人崔護來到南莊，回想起去年同樣經過這道莊門，看到桃花紅艷、美人嬌羞，如今桃花依舊在，伊人無蹤尋，有物是人非之感。然而，謎人並不是根據詩人作詩時的情懷來制謎的，而是一種別解。《論語》中恰好有一句與之相呼應，選自《論語·雍也》的一句："赤之適齊也。"赤，紅色；適，正巧；齊，一起。除去虛詞"之"和"也"二字，只剩"赤適齊"三字，其別意為"正逢一起紅"，與"人面桃花相映紅"意思相扣。

這正是南派燈謎的奇妙之處，妙在會意與揣摩之間，奇在扣合與別解之內。它汲取古典之精華，加之以別解會意之風趣，從而妙趣橫生，又不失典雅端莊，盡顯江南物華天寶、人傑地靈之美態，江南文人之博學多才。

與南派相比，北派燈謎形成的初衷很簡單——為了防止燈謎雷同。天下謎師何其之多，在機緣巧合之下，因製謎技巧、價值理念相近，從而製作出同一則燈謎，這樣的事時有發生，但對謎師來說可不是一件幸運的事。自己苦思冥想、嘔心瀝血製作出來的燈謎竟然在某個地方已經廣為流傳了，對謎師是一種極大的打擊。因此，以射虎社為首，號召廣大謎師，杜絕詩律之謎，以防燈謎雷同，得到了許許多多謎師的回應，漸漸形成了北派。

北派燈謎要求謎師們嚴禁引用詩詞歌賦以及現有的謎面、成語、俗語等等，需自創謎面，謎面有一定的格律，大多為七言詩句，平仄相扣，自成詩句。這樣，既彰顯謎師們的高超水準，又可有效地杜絕雷同。北派燈謎更是有其特定的體例，稱為"八體、三十八法"，裡面記載著扣字、離合、假借、等八種體制和明解、暗解、連扣等三十八種解謎方法。因此，北派燈謎極其注重扣字。例如：

鬥轉星移人未老（打字一）。

"鬥轉星移"即"鬥"字的兩點移動，作"木"字；"人未老"作"來"字，合併之後，即一個"棶"字。

殘照餘陰下角樓（打志目一）。

"殘照"即"照"字有所殘缺，取"召"字；"餘陰"即"陰"字餘留部分，取"阝"，合在一起是個"邵"字。"下角樓"即"樓"字的右下角，取"女"字，合併之後便是"邵女"。

當然，南派燈謎與北派燈謎也有各自的弊端。南派謎師喜好引用古人詩詞，正因為如此，在引用的時候，謎面中的字詞位置不可調動，有些無用的字詞不可刪除，容易產生閑字。南派燈謎多會意，不同猜射者其生活閱歷不同，對謎面的理解與別解也不同，時常出現一謎多底的情況。北派謎師需要自創謎面，而且謎面格律又有嚴格的規定，從而大大提高了製謎的難度，不利於燈謎的普及。

流派與風格的關係正是哲學中共性與個性的關係，風格存在於流派之內，又獨立於流派之外。南北燈謎各有千秋，但並不能根據所制燈謎是否引用詩詞、是否用典、是否使用謎格來劃分一位謎師的流派。一位元謎師在其一生之中會根據不同的人生經歷和生活環境創作出不同風格的燈謎，因此，北派的謎師也會創作出少許南派燈謎來，相同，南派的謎師也會創作出少許北派燈謎來。

　　南宗北派並不能囊括天下所有的燈謎。在南宗北派的大格局下，仍舊存在許多小支流。在不久的將來，會有許許多多別具風格的謎師誕生，也會衍生出更多的支流，燈謎將會呈現出百花齊放的狀態，派別的分界線會越來越模糊。分分合合，燈謎正是在凝聚與多樣之間一步一步發展而來的，每一次的劃分都是一次新的開始，這也是燈謎的魅力之所在。

九、抗日戰爭時期的燈謎

1931年9月18日，東北三省淪陷，致使三千多萬百姓流離失所。林祖炳先生特作《松花江上》，詞曰："爹娘啊，什麼時候才能歡聚在一堂。"其實，這句詞正是一則燈謎，若以此為謎面，謎目為"打兩個稱謂"，則謎底為"流浪兒、思想家"。詞人正是通過這首詞傳達對祖國的思念，對失地回歸的殷切期望，以及強烈的愛國情懷，情感細緻，令人動容。

一年，適逢蔣介石生日之際，有人得知教育家馬相伯先生寫得一手好字，便希望他能題個字，給蔣介石賀壽。當時老先生已經年過九旬，對蔣介石消極抗日、打打停停、引狼入室的做法十分不滿，但還是欣然答應了。不日，派人送去了一個"壽"字。有人不明白老先生為何如此做法，便問他原因。老先生笑笑，說道："我刻意寫一個大字'壽'，並且距離分開，仔細一看還真像'吉一時'三個字。"原來老先生是將這個"壽"字寫成了一則謎，寓意蔣介石好景不長。

抗日戰爭時期，汪精衛投靠了日本，成了漢奸。一日，他與妻子陳璧君到寺廟進香，一進寺廟，便有一個和尚送來一束鮮花，其中夾

馬相伯

著一塊布條，上面寫著"忍戒乍多"四個字。汪精衛心想，忍戒乍多不就是希望他要多加忍耐，要戒之在急，要兵不厭詐，還要足智多謀？到了岳王墓的時候，發現墓前也放著一束鮮花，系著一塊布條，寫著"言貝人父"。汪精衛一看，怒髮衝冠，將手上的鮮花摔在地上，奪門而出。實則，"忍戒乍多"與"言貝人父"合在一起就是"認賊作爹"，暗指汪精衛賣國求榮。

1937 年 7 月 7 日，盧溝橋事變爆發，日本全面侵華戰爭開始了。無數家庭被摧毀，大好河山遭踐踏，各位文人志士怒氣衝天，奮筆疾書，控訴日本的殘暴行為和滔天罪行。一年中秋，萃新謎社舉辦謎會，其中有一則燈謎就是指控日本無端挑起七七事變，造成眾多同胞遇害。燈謎為，瀋陽慘案發生（打《詩經》句一）。謎底為《詩·小雅·四月》中的一句"我日構禍"。此時，許許多多的謎師巧制燈謎，反對侵略。例如：吾人能合作，定把倭奴滅（打字一）。謎底為"昨"，意為想要寫一個"作"字，就必須把"昨"字左邊的"日"字去掉。

與此同時，眾多海外愛國人士也制謎控訴日本暴行。例如：漢奸無恥，志在終身事仇（打《滕王閣序》句一）。謎底為"望長安於日"，諷刺那些賣國通敵的漢奸以為可以依附日本而得到富貴，事實上卻是助紂為虐，沒有好下場。再如：眾人抗日（打字一）。這則燈謎是陶行知先生歸國之後出給學生猜射的。他又補了一句，"冬天即刻盡，枯柳將發青。希望在眼前，鬥志正凌雲"。謎底是一個"春"字，三人即眾人，日即日本，三人在上，日在下，即日敗眾人之意。

1945 年 8 月 15 日，日本宣佈無條件投降，有人便以"日本投降"為謎面，打一服裝。謎底為"和服"。和，大和名族也，代指日本；服，屈服也。一直以來，燈謎以其隱晦的特點傳達著人民的心聲，並在民間廣為流傳著。

十、數位資訊時代的燈謎

　　20 世紀 40 年代，世界上第一台電腦在美國賓夕法尼亞大學研製成功，標誌著人類開始進入資訊時代。80 年代末，中國互聯網興起，資訊網路的發展使得資訊的傳播速度和儲備量都大幅度提升。

　　高速發展的資訊網路對中國傳統文化產生了一定的衝擊，燈謎更是首當其沖。越來越多的人以搜尋引擎取代查閱文獻，以網路聊天取代書信交流，以論壇貼吧取代親朋相聚；越來越少的人能參與到元宵點燈猜謎等傳統聚會當中來了。傳統文化以傳統方式進行流傳與交流，其傳播速度和社會影響力明顯落後於當代互聯網。

　　當然，互聯網以其高速、便捷的優勢也給燈謎的繼承與發揚帶來了前所未有的機遇。傳統媒體，包括書籍、期刊等，其出版週期之長、攜帶之不便等局限性，難以滿足現代人類高效、便捷、快節奏的生活需要，極其容易被忽略。人們將燈謎的相關資料登錄網路，需要時，只要點擊一下即可回饋出相應內容，還可以在網路上猜解燈謎，進行燈謎的創作，和來自全國各地愛好燈謎的朋友交流猜謎制謎的心得，實屬與時俱進。

　　世界是發展的，作為中華傳統文化的代表之一——燈謎，也勢必會緊跟潮流。隨著網路技術的發展與進步，許許多多的燈謎網站和軟體不斷湧現，使得燈謎的流傳更加便捷。

　　中國燈謎自誕生，距今已有三千多年的歷史了，倘若從隱語廋辭時期算起，也有兩千多年了。燈謎歷經了《彈歌》、春秋戰國的隱語廋詞、漢魏兩晉的賦隱離合以及南朝謎語等幾個重要的發展階段，在明清時期鼎盛，在辛亥革命之後分派，在"文化大革命"時期沒落，在改革開放之後煥發生機。幾次跌宕起伏使得燈謎的文化內涵更為深厚，文化意義更為深遠，成為中華民族所特有的傳統文化瑰寶，歷久而彌新。

第二編　中華文化瑰寶中的璀璨明珠

燈謎可以說是中華文化大觀園中的一朵奇葩，它結構短小卻蘊含五味，內涵典雅而幽默風趣，可歌可頌，可賽可樂。燈謎伴隨著文字的產生而產生，它見證了一個民族的興旺發達，凝結了一個民族的智慧，成為一顆璀璨奪目的明珠！

一、燈謎與謎語之別

謎有廣義和狹義之分，廣義的謎是包括燈謎在內的含有隱射事物、文字等可讓人猜測的言語；而狹義的謎卻區別於燈謎，是一種獨立的隱晦文體，即民間謎語。世界上許多國家都有謎語，但燈謎只有中國才有。

《文心雕龍·諧隱》中有記載，"自魏代以來，頗非俳優，而君子嘲隱，化為謎語"，隱語即謎語。可那是在南北朝時期，當時"謎"字剛剛興起不久，上至天子，下至百姓，都喜歡用這個"謎"字，後來在"謎"字後面加了一個"語"字，改稱"謎語"。當時謎語還沒有細細分類，它包含所有的謎，自然也包括燈謎和民間謎語。而後，經過逐代的流傳、發展與演變，二者的區別才日漸明顯。

謎語與燈謎在漢代便出現了微妙的分化，分別朝不同的方向發展，也就是事物謎與文義謎。雖然兩者都是民間文化的重要組成部分，都起源於民間、發展於民間、流傳於民間，但兩者具有實質性的差異。

謎語與燈謎在其流傳形式和自身結構形式上有很大的不同。燈謎是寫在紙上或燈上供人猜射的，在沒有燈會的時候，燈謎也是通過書籍紙張傳播的，而謎語大多是口頭流傳的，沒有實質的載體。當然，看其謎面也可以很容易辨別。燈謎的謎面較為簡練，有時僅有幾個字甚至是一個字，且謎面多半入詩入典，格調優雅。燈謎的雅還是文人騷客比試才華的重要依據。例

　　昔與汝為鄰，今與汝為臣。上汝一桌酒，令汝壽萬春（打唐詩句一）。

《世說新語·排調》中有如下記錄，晉武帝司馬炎讓歸命侯孫皓作一首

《爾汝歌》，孫皓就作了這首詩。孫皓原是三國時期吳國的最後一位皇帝，後歸降魏國，封為"歸命侯"。歸降時司馬一家還是魏國的朝臣，可沒多久，司馬懿之孫司馬炎已成為西晉的皇帝了，孫皓與司馬炎不再是同袍關系，而是君臣關係，皇帝賜宴，需叩謝皇恩。因此，謎底昭然若現了，正是唐代詩人劉禹錫所作《烏衣巷》中的一句，"舊時王謝堂前燕"。這裡的"舊時王"就是指吳國末代皇帝——孫皓；"燕"字是一個通假字，通"宴"，即皇帝賜宴。

謎語則不同，謎面沒有太多的要求，淺顯易懂，形象生動，讀起來朗朗上口，不像燈謎需要咬文嚼字，揣摩會意，也是民間百姓喜聞樂見的一種娛樂方式。例如：

為你打我，為我打你，打得你皮開，打得我出血（打昆蟲一）

謎底為：蚊子。

當然，兩者在猜射過程上也有很大的不同。燈謎是由文人所創作的，比較注重文采，即所謂的雅，自然人們也會採用一些修辭手法和隱晦詞語，使猜射難度有所提升，猜射過程蜿蜒曲折。如此一來，謎底範圍也極為狹窄，逃不出詩詞歌賦、藥名地名、成語諺語等"文義"範圍。因此，在猜射燈謎的時候，往往需要引申，通過別解來猜測謎底。相反，謎語一般是由民間百姓創作的，它更為靈活，不限於規則，謎底多為日常生活中隨處可見的事物，當然謎底也不會太苛刻，只需答出大意即可。

誠然，燈謎之所以稱之為"燈謎"，是因為在兩宋時期"燈"與"謎"的巧妙結合，而恰巧這則燈謎又繼承了別解的本質，所以後來"燈謎"的稱謂一直沿用至今。但是，燈謎並不意味著一定要寫在燈上，燈謎還有其他的稱謂，例如文虎、打虎，便與燈沒有多大聯繫。燈謎即便是沒有寫在燈上也稱為燈謎，而謎語即便是寫在燈上也不能稱為燈謎。燈謎與謎語最大的區別在於燈謎往往需要別解，謎語只需直意。別解，實則是一種"一字多義"的現象，因為同樣的謎面有多種引申意義，而謎底只有一個，所以需要猜射者能發散地去思考，找准正確的意思。然而，謎語是不需要別解的，如果以別解的猜射方法去解答謎語，那麼只會與謎底大相徑庭。

魂來楓林青，魂返關塞黑（打《千家詩》句一）。

謎面出自杜甫的《夢李白二首·其一》。詩人聽到好友李白因為牽涉永王李璘事件下獄潯陽，定罪後流放夜郎，回想初次與李白見面的情景，關心好友的處境吉凶，寫下這首情感真摯的詩。謎面的"魂來"與"魂返"實則是在夢中，扣出一個"夢"字；楓林是南方的楓林，"楓林青"與"關塞黑"形成對比。謎底為"夢與白雲遊"。白，自然是指李白；雲遊，指的就是詩人夢中與好友李白游返於江南與塞外。

杜甫

在猜射此類謎的時候不能僅憑謎面的字面意思，需要結合謎面的出處和創作背景，再加以一定的別解。

謎語：

二三四五六七八九（打成語一）。

謎面直意為"缺一少十"，成語為"缺衣少食"。民間謎語與燈謎雖有雅俗之別，但在文化大家庭裡，兩者都各自作為一種民間文化流芳百世，其地位是無可撼動的。

二、隱形字謎之解

　　燈謎可以分為字謎與非字謎。是否為字謎，從謎目中便可得知。字謎是以漢字的字形結構為基礎，通過筆劃、部首等字形的轉化猜射謎底的，幾乎沒有用到漢字的文義，即使用到，但字形結構的轉化在猜射過程中仍佔主導地位。廣義的字謎，是指所有運用字形結構解析謎面的燈謎，可以是單個漢字，也可以是多個漢字；狹義的字謎，是指謎底為單個漢字的燈謎。通常我們俗稱的字謎即狹義的字謎。非字謎，即謎目中標注的除猜射漢字以外的燈謎，一般可猜射成語、俗語、地名、人名等等。非字謎不同於字謎的是，在猜射非字謎的過程中，很少會用到漢字的字形結構，基本是依靠漢字的文義來解謎。例如：

　　戰略武器（打字一）。

　　謎底為"單"。武器，即戈；略，省略。戰略武器，即"戰"字去掉"戈"字，留下"單"字。從謎目上來看，這是一則字謎，其中雖用到漢字的文義，但漢字的字形佔據主要。

　　竺（打成語一）。

　　謎底為"助人為樂"。謎底中的"助"字有"添加"之意，在"竺"字加一個"人"字便是"笑"字，"笑"與"樂"同義，底面扣合。從謎目上便可得知，這則燈謎是非字謎類燈謎，其中雖用到漢字的字形解析，但漢字的文義佔據主要。

　　何為隱形字謎？

　　光是看其名稱便可知，它屬於字謎一類。隱形即"隱晦"，有似是而非之意。它有字謎的通性，即以解析漢字字形結構為主，輔之以分析漢字文義，從而"別解"謎面、猜射謎底。然而謎目卻不是猜射某個漢字，而是打一個成語或者俗語抑或歇後語等等。它既有字謎的特性，又有非字謎的特性，通常隱藏在非字謎類燈謎之中，又分佈較少，因此難以讓人發覺。

如何猜射隱形字謎呢？隱形字謎不能用猜射非字謎類燈謎的方法去猜射，這樣只會徒勞無功，要以解析字形為主。例如：

李白

圭（打俗語一）。

字，拆分為兩個"土"字，即由兩個"牆"字的"土"旁結合而成，猜射用到的是漢字字形的解析，而非分析其文義。

許仙（打李白詩句一）。

謎底為李白《送友人入蜀》中的一句："山從人面起，雲旁馬頭生。"雲，言也；馬頭，午也。這則燈謎用的是離合法，也是猜射字謎常用的一種方法。

該如何辨別隱形字謎呢？

因為隱形字謎是根據漢字字形結構製成的燈謎，謎面與謎底的扣合度極高，而且具有唯一性，不會理解錯誤。因此，此類燈謎的謎面與謎底可以互換，即可以將燈謎反過來，由謎底充當謎面，由謎面充當謎底，當然，謎目需要做適當調整。那麼這類燈謎就是隱形字謎。例如：

上述的"圭（打俗語一）"。將其謎面謎底對調，形成燈謎"拆東牆補西牆（打字一）"。根據字形，分離出兩個"土"字，再合併成"圭"字，同樣可行。

馬蚤（打作品名一）。

謎底為"離騷"，意為將"騷"字分離開來，用的是離合手法。若將其謎面謎底對調，便可形成新的燈謎，"離騷（打昆蟲一）"。也可猜射出謎底為"馬蚤"。所以，這也是一則隱形字謎。

如果是其他的非字謎，底面對調之後便不可成立。非字謎是根據文義猜射出謎底的，倘若謎面一變，文義隨之發生改變，謎底自然也就改變了。例如：

人老心不老（打詩句一）。

謎底為李煜《虞美人·春花秋月何時了》中的一句，"只是朱顏改"。雖然內心永葆青春，但是歲月已過，痕跡仍在，人的容顏已經改變。根據意思推理便不難猜出謎底。若以"只是朱顏改"為謎面，打俗語一，便不好猜射了。

李煜

男兒當自強（打《三國演義》人名一）。

謎底為"孫堅"。孫，子孫，扣男兒；堅，堅強，扣自強。倘若底面調換，打俗語一，便很難成立。

隱形字謎不同於廣義上的燈謎，有時候謎目已經限定了。例如，打俗語一、打詩句一等等，這樣便不再屬於字謎範疇了，然而這類燈謎看似是非字謎，從嚴格意義上講，又有別於其他的非字謎。它的制謎方法、猜射技巧均與字謎相似。隱形字謎是獨立於字謎和非字謎而存在的，只是目前暫時被劃分到字謎行列之中。在將來，隨著分類依據的改變，隱形字謎有可能被獨立出來，成為新的燈謎類別。

三、世界上最美的文字

漢字是當今世界最獨特的一種文字，它是中華民族悠久歷史的印證，也是中華文化博大精深的映射。在文字還沒有出現的時候，人們依靠一些特殊的符號來記錄事件和傳遞信息。這些符號基本上是以日常所見事物為原型，加以改造、簡化形成的，也就是人們常說的象形文字。但是，無論如何提煉，古文字都是極為複雜的，有礙資訊的交流與傳播。經過千百年的傳承、精煉與發揚，漢字經歷了從壁書、鼎文、甲骨文到籀書、篆書、隸書、楷書的形式結構變化，簡體漢字終於在約定俗成中誕生了，在不改變文字原有的象形意義的基礎上，賦予其新的意義。它不僅容易書寫，而且不失原意與審美價值。

漢字這一特殊性，使其有別於一般的符號，從而得到了更為廣泛的流傳與發展。據記載，早在商周時期便有文飾記錄了，到了春秋戰國，百家爭鳴，漢字魅力更是被諸子百家彰顯得淋漓盡致。漢字也從應用性漸漸走向藝術性，它的藝術性包含形象藝術和文義藝術。

漢字有別於西方國家的文字，每一個漢字都有其特定的意義，即文義。正如一個"日"字，北宋文學家王安石便作了一則謎，"畫時圓，寫時方，寒時短，

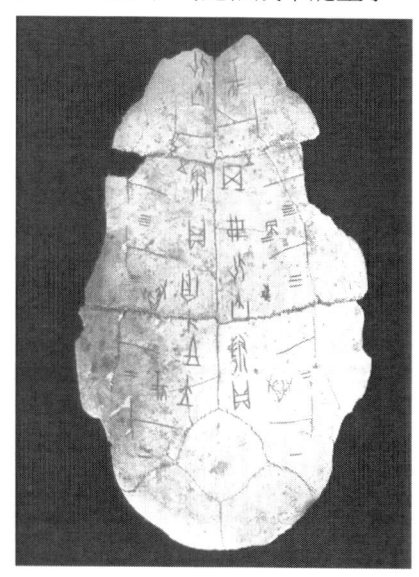

甲骨文

熱時長"。謎底正是這個"日"字。再如，同日而語（打字一）的謎底是"昌"字；逆水行舟（打字一）的謎底是"返"字；不得人心（打字一）的謎底是"懷"字。這就是漢字的形象藝術。當然漢字的形象藝術不僅僅止於此，錯落有致的點線，剛柔並舉的力道，中國書法賦予了漢字新的藝術形式。

漢字的文義也是構成燈謎的重要因素。有一些燈謎並不是完全依靠漢字的字形來猜射的，而是需要猜謎者加以會意或別解。比如，唧唧複唧唧（打成語一），倘若光是解析漢字的筆劃、部首、結構等形象內容是猜射不出這則燈謎的，如果稍加聯想，便不難猜出其謎底就是"同聲相應"。再如，流水映夕陽（打成語一），想像一下流水夕陽的畫面，便可猜出謎底是"江河日下"。

古人造字用的是象形、指事、會意、形聲、轉注和假借六種方法，其中象形最為常用，傳說倉頡造字便是用象形之法。倉頡造了許多漢字之後越來越馬虎了。傳說，有一位老者找倉頡，讓倉頡教他識字。老者看著那些字，很是不解："你這'馬（馬）'和'驢（驢）'都有四隻腳，為何'牛'卻沒有腳，只有一條尾巴？"倉頡一想，些許是自己大意了，在創"牛"字的時候應該是用"魚（魚）"字，卻不小心寫成了"牛"字，把"魚"與"牛"兩個字混用了。老者又問："這個'出'字是兩座山相疊，這個'重'字又有千里之遠，是不是'出'字應該念'重'，而'重'字應該念'出'？"倉頡仔細一想，一定是自己造字之時太過大意，將兩個字用反了。

一則小故事，不難看出，象形是漢字的根本。從漢字的本身結構出發，理會漢字的根本意義，這才是燈謎的精髓。無論是離合增損，還是會意別解，所有燈謎都是以漢字為基礎，如果沒有漢字，也就沒有如此異彩紛呈的中華燈謎。

四、謎格的神秘面紗

隨著社會的發展，燈謎逐漸進入尋常百姓家，成為大家茶餘飯後的娛樂助興節目。許多謎師力求創造出完美的燈謎，往往在謎面上煞費苦心，希望所作燈謎別出心裁，引人入勝。與此同時也伴隨著一個問題的誕生，謎面越是用典引辭，越是卓越精湛，就越容易出現謎底與謎面不相扣合的現象，從而根據謎面和謎目的提示，猜射不出謎底。

這該如何是好呢？於是謎師們在謎底的音、義、形以及漢字的先後順序上加以限制，使人們在猜射過程中根據限定詞的提示準確猜射出相應的謎底。久而久之，這種限制得到大家的認可，成為一種約定俗成的規律或格式，即謎格。不是所有的燈謎都有格，但凡有格的燈謎就必須根據其謎格的提示進行猜射，否則是無法猜射出正確的謎底的。

燈謎的謎格起源於宋代，在明清時期逐漸興起，據記載，到晚清時期，謎格有上百個。《韻鶴軒筆談》中記載了明末時期揚州人馬蒼山首次整理創作《廣陵十八格》，包括碑陰格、諧聲格、會意格、典雅格、釣魚格、碎棉格、捲簾格、蝦鬚格、燕尾格、粉底格、傳神格、含沙格、錦屏格、徐妃格、回文格、比干格、鉤簾格和壽星格。其中還提到"燈謎有十八格，曹娥格為最古"，曹娥格即碑陰格。民國薛鳳昌在《邃漢齋謎話》中也曾說道："謎之有格，自曹娥碑之'黃絹幼婦外孫齏臼'始也，其後踵事增華。"相傳，在東漢時期，浙江上虞有個女子名為曹娥，她的父親在大江中淹死，但是沒有看到屍首。曹娥得知之後非常傷心，沿著江邊一路大哭，之後便投江自盡了。五天以後，人們在江邊發現了兩具屍體，曹娥的屍體背著她父親的屍體。當時人們都被曹娥的孝心感動，於是在江邊立碑撰文，以彰其事。後

楊時　　　　　　　　　　　程門立雪

來蔡邕路過此地，讀到碑文，便在石碑的陰面題了"黃絹幼婦外孫齏臼"八字。再說粉底格，出自宋代楊時的"程門立雪"，亦稱立雪格，要求謎底的最後一個字是白字，屬於諧讀類謎格。

卜（打中藥名一）。

謎底為"半夏"。末字"夏"是一個白字，實則為"下"，"卜"字即為"下"字的一半。

三顧茅廬（打四字禮貌語）。

謎底為"懇請見諒"。末字"諒"是一個白字，實則為"亮"，與謎面相扣。

清道光年間，顧祿在《清嘉錄》中記錄了燈謎二十四格：

> 考燈謎有二十四格："曹娥格"為最古，次莫如"增損格"，即"離合格"也。孔北海始作離合體詩，其四言一篇，合"魯國孔融文舉"六字。餘外複有蘇黃、諧聲、別字、拆字、皓首、雪帽、圍棋、玉帶、粉底、正冠、正履、分心、登樓、捲簾、素心、重門、間珠、垂柳、錦屏風、滑頭禪、無底囊諸格。

之後，楊小湄在《圍爐新話》中又增加了數格。到了民國時期，韓振軒編著的《增廣隱格釋例》一書收錄了大大小小謎格將近三百種。在鼎盛時謎格保守估計有上千種。經過不斷的演變，許多新的謎格產生，又有許多謎格被合併或淘汰，至今仍具生命力和文化價值的僅數十種，分別為：移字類、加字類、減字類、諧讀類、變讀類、白讀類、句讀類、合字類、拆字分讀類、拆字半讀類。每一種謎格都有其特定的規律，正如上述的粉底格，謎底必須符合謎格的要求，才能扣合謎面。

　　關於謎格，歷來都有兩種不同的觀點。有人認為"格助謎趣"，謎格不但能提升燈謎的猜射難度和猜射趣味，還有助於制謎者拓展思路，別出心裁，趣味制謎。當然，也有人認為"謎本無格"，謎格的存在無非就是制謎者為了增加燈謎的猜射難度，故意增設的門檻。這兩種觀點都有一定的道理。其實，謎格就是為了扣合謎面而對謎底加以調整的規則，它是謎目的一部分，也是燈謎的一部分。無論燈謎是否有格，無論謎格是否有存在的必要，謎格都是燈謎文化的重要組成部分。

五、極為嚴格的燈謎製作

燈謎由謎面、謎目和謎底三個部分組成。它是利用漢字的字音、字形和字義進行有意識的別解，並且運用象形、會意、離合、增損等一種或多種手法，將其本體隱藏於謎底之中，將其喻體隱藏於謎面之中，將猜射規則和謎底範圍注明於謎目之中。因此，燈謎在製作時要辨字音、析字形、會字意，幾乎所有的燈謎都是以此為依據製作的。

有些一字多音，有些多字一音，一些謎師正是利用這一點以混淆猜謎者的注意力，增添燈謎的猜射趣味。例如：分別只聞鼓樂聲（打字一），謎面中"鼓"與"古"同音，"樂"與"月"同音，所以謎底為"胡"字。還有例如解鈴格、系鈴格、皓首格、梨花格、素心格等字音類帶格燈謎也是在漢字的字音上做文章。

漢字的字形結構有一定的講究，每一個漢字的筆劃、部首、偏旁都有其特定的意義。因此，有些燈謎正是建立在漢字的字形結構基礎上，再加以延伸形成的。例如：丫（打一京劇名），謎底為"《三岔口》"。再如：雜（打五字俗語一），謎底為"八九不離十"。如分解、象形、離合、組配、增損、包含等制謎方法均是以解析字形為基本。

會意則是根據漢字或漢語的意義來制謎，謎底與謎面相互扣合，緊密聯繫，需正確理解謎面的含義才可解謎。有一點需要注意，會意方法有很多種，無論是正面會意、推理會意、借代會意，還是反面會意、用典會意、啟承會意，燈謎的會意都是一種別解。例如：錯斬蔡瑁、張允（打成語一）。這則燈謎用了曹操錯殺蔡瑁、張允的典故，當時曹操中了周瑜的計，心急如焚之下錯殺了蔡瑁、張允。別解之後，謎底為"操之過急"。

制謎有別於一般的文學創作，除了要學識廣博、善於觀察、想像豐富、技巧熟練，在制謎過程中還要注意一些忌諱。

　　褒貶錯亂。有些燈謎的原意為歌頌某個人物或者讚揚某個舉措，卻在謎面或謎底用上了貶義詞；有些燈謎原意為打擊批判邪惡反動勢力，卻用上了褒義詞；還有一些燈謎，謎面為褒義，謎底卻為貶義，這樣的燈謎既有損於人們對事實的認知，又阻礙了燈謎的流傳。例如：千里姻緣（打詞語一），謎底為"重婚"。謎面簡潔傳神，極富詩意，而謎底卻有犯罪之嫌，難免讓人心生反感。

　　底面不相扣合。燈謎往往在引用整句詩詞或成語抑或入典的時候容易產生拋荒。所謂拋荒，就是謎面除了與謎底扣合的字外，還有空暇的字，這些字其實與謎底不相關，但容易誤導猜謎者，認為這些字另有他意，從而導致此燈謎難以猜射。例如：水宿鳥相呼（打一物理詞語），謎底為"共鳴"。謎面出自杜甫的《倦夜》，"暗飛螢自照，水宿鳥相呼"。謎面的"鳥相呼"與"共鳴"相扣，但"水宿"二字便拋荒了。有些燈謎的謎底是一個特定的詞語或俗語，不能增減某個字或調換字詞順序，與謎面不是特別扣合，因此由謎面別解出來的謎底與正確的謎底有一定出入。例如：肝膽照江湖（打電影名一），謎底為《碧海丹心》。"碧海"與"江湖"，"丹心"與"肝膽"，兩組詞的扣合十分牽強，根據謎面猜射不出謎底，謎底便踏空了。還有些燈謎因為取材雷同，制謎手法相似，因此謎底也相同，容易使人心生厭煩。例如：天生我材必有用，千金散盡還複來（打水滸人名一），謎底為"李雲"，就是"李白雲"。既然如此，李白的所有詩句均可作為謎面，雖讀起來朗朗上口，豪邁不羈，但同出一轍，了無新意。

　　燈謎露春。所謂露春，就是有些字在謎面中已經出現了卻又在謎底中出現，又稱露面。露春是燈謎的大忌。例如：長江後浪推前浪（打物理名詞一）。根據謎面別解，可猜"前進波"和"衝擊波"，但"前進波"就不可作為謎底，是因為謎面之中已經有一個"前"字。

　　燈謎倒吊。燈謎要求底面扣合，如果把謎底比作一口鍋，那麼謎面就應該是鍋蓋，鍋蓋要小於鍋才能吻合。因此，謎底所指的範圍一定要大於謎面所指的範圍，而且謎底謎面所指的類別要相同，否則就是"倒吊"。倒吊的燈謎謎面範圍大，別解之後可能會猜射出謎底以外的東西來。例如：水陸要塞

（打地名一），謎底為"山海關"。"水陸"的範圍大於"山海"，因此這則燈謎難以成立。

"腳趾動"謎。清代小說家李汝珍在《鏡花緣》中寫道：

> 大凡做謎，自應貼切為主，因其貼切，所以易打。就如清潭月影，遙遙相映，誰人不見？那難猜的，不是失之浮泛，就是過於晦闢。即如此刻有人腳趾暗動，此唯自己明白，別人何得而知。所以燈謎不顯豁，不貼切的謂之"腳趾動"最妙。

所謂"腳趾動"謎，指的是那些謎面太過隱晦、猜射太過曲折的燈謎。謎面只需別解一次即可，不必刻意為了增加猜射難度，使得猜射過程九曲

李汝珍

除此之外，制謎時還要注意用典是否屬實，字詞是否合理，謎格是否恰當，謎目是否準確，要正確區分燈謎與民間謎語。制謎不難，但是想要制好謎卻並非易事。

六、淺談中國謎社

謎社起源於南宋時期,大多數謎社是由一些民間的藝術工作者組成,謎人自發地聚集在一起以猜謎為樂,亦稱之為"齋"。到了元代,謎社已經很普遍了,但是當時的謎社沒有一個固定的場所,謎人從事一些謎事活動均以聚會的形式進行,因而沒有固定的時間,也沒有固定的謎人參與,更沒有嚴格的社規來約束燈謎的風格。謎人所制之謎均在謎會展出,謎作較為鬆散,以致後人無從考究。

中國第一個真正意義上的謎社要數明代的揚州廣社了。它有一部燈謎集《廣社》,裡面收錄的謎作共六十餘則。雖然《廣社》收錄的謎作並不多,但有著深遠的影響。清代詞人費軒的《夢香詞》中便有記敘:"揚州好,燈虎巧三番。字字單圈無縫鎖,團團一個滑頭禪,廣社有真傳。"謎人張雲龍在《廣社》中便記錄了"廣陵各格"的說法,所記載的謎格包括無縫鎖格、滑頭禪格、連理枝格、兩來船格、玄明傘格、玉連環格、夾山夾海格、錦屏風格、轆轤格、包意格、曹娥格、拆字格、問答格、詞格、畫格等十六格。一說民國時興的"廣陵十八格"便起源於此,只是《廣社》中記載的只有十六格,十八格是後人整編與補充的,《廣社》之重要可見一斑。當然,隨著歷史的發展,有很多謎格被淘汰了,或者進一步精化。例如:

秋深江水迫流蟾(無縫鎖格·打《西廂記》句一)。

無縫鎖格的格法是謎底的字數需與謎面字數相同,以求對仗工整,先根據謎面扣出副底,再根據諧音,換用不同的白字,從而得到真正的謎底。"秋"扣"金";"深江"扣"瀟湘";"水迫"扣"匯逼";"流蟾"扣"沙蜻"，得到副底"金瀟湘匯逼沙蜻"。再根據諧音兌換白字，即可得到謎底"今宵相會碧紗櫥"。

分明綠水溪鷗動（錦屏風格·打坡腳人物一）。

《廣社》中記錄的十六謎格，在解謎時大多需要用到副底，再根據轉化才能得到真正的謎底。猜射此類燈謎，倘若不知道謎格的格法，想要猜出正確的謎底是相當困難的。

翻開《廣社》這本書，其中所記錄的三十三位元社員，大多是揚州人。我們不禁要問，為何中國歷史上第一個謎社會出現於揚州呢？

揚州有燈謎故鄉之稱。早在南北朝時期，揚州廣陵之謎便已著稱於世了。例如"屐"字謎和"鼓"字謎，其謎面分別是"刺鼻不知嚏，蹋面不知瞋，齧齒作步數，持此得勝人"和"徒有八尺圍，腹無一寸腸，面皮如許厚，受打未詎央"。謎人將"屐"和"鼓"的外部特徵刻畫得形象生動，令人記憶猶新。被世人稱為"離合體字謎中的壓卷之作"及"唐代燈謎代表之作"的大明寺泉水之謎，便是出自揚州。謎面曰：

一人堂堂，二曜同光。泉深尺一，點去冰旁。二人相連，不去一邊。三梁四柱，烈火相燃。除卻雙勾，兩日不全。

"一人堂堂"即"大"字；"二曜"乃是"日月"，"日月同光"即"明"字；"尺一"即"十一寸"，三字合一為"寺"字；"點去冰旁"意為"冰"字去掉偏旁"冫"，即"水"字；"二人相連"意為"二"字和"人"字合併，即一個"天"字；"不去一邊"意為"不"字去掉一邊，即一個"下"字；"三梁四柱"與"烈火相燃"扣"無（無）"字；"除卻雙勾"與"兩日不全"扣"比"字。將以上字合併起來，謎底即"大明寺水天下無比"。

明末清初，燈謎之風鼎盛，自清乾隆之後，揚州又出現了一個影響較大的謎社——竹西春社。竹西春社彙編有《竹西春社抄》，共有七冊，收錄三百五十餘則燈謎。竹西春社也湧現出了諸如愛素生、委宛山人、潘光等一大批著名的謎家，他們打破傳統，獨闢蹊徑，將燈謎藝術發揚光大。

因為謎家風格使然，竹西春社的燈謎與廣社的燈謎大不一樣。謎家整改了廣社十六格，化繁為簡，化難為易，使燈謎易制易猜，趣味十足，流傳更加廣泛。

　　　　三更毛雨步前莊（新賦格·打遊戲物品一）。

　　新賦格的格法是，謎面一般為七個字，大多引用七言詩句，謎底字數不限，猜射時需先根據謎面諧音，將謎面用白字替代，得到副面，再根據副面猜射出正確的謎底。根據謎面的諧音將謎面轉化為賦面"三根毛羽布錢裝"，因此，不難得出謎底為"毽子"。

　　進入 21 世紀之後，中國出現了一個人數最多的謎社——莘縣謎社。目前，社員有一千餘人，來自全國各個省市自治區，也有越南的謎家加入，成為一個燈謎文化大薈萃的寶地。莘縣謎社為中國燈謎文化的繁榮和發展做出了巨大貢獻。

第三編　五彩紛呈的燈謎世界

　　無論是風趣典雅,還是淺顯通俗,中華燈謎都蘊含著獨特的藝術美感。然而它不像唐詩宋詞一般有著嚴謹的格律要求,也不像笑話謎語一般自由散漫。燈謎的結構之美、內容之美以及修辭之美,無不吸引著一代又一代的人們。

一、源遠流長的中華謎史與燈謎文化

在黃帝時期，燈謎的雛形便已經產生，只是當時並沒有特定的稱謂，只能從《彈歌》中窺之一二。到了春秋戰國時期，才出現了"隱"字，《韓非子》中記載："右司馬御座而與王隱。"漢代以後，人們習慣在"隱"字後面加一個"語"字，稱之為"隱語"。

廋辭則最早出現於左丘明所著的《國語·晉語》當中："有秦客廋辭於朝，大夫莫之能對也。"晉國有一朝臣名曰範文子，一日歸家很晚，其父范武子問其原因。他回答道："今日有一秦國人在朝堂之上使用隱語，可是諸位大夫沒有一個能回答上來。"這裡雖然沒有記載那位元秦客所說的具體內容，但可見在當時，廋辭已經作為一種外交辭令用於處理兩國外交事宜，足以證明其地位之重要。《集韻》中記載，"隱，廋也。"廋，即隱。

秦漢之初，隱語朝事與物兩個方向分化、發展，形成了"賦體隱"和"離合"。賦是一種講究文采和對稱、兼具詩歌和散文特點的文體。它繼承了《詩經》諷刺的傳統，"詩緣情而綺靡，賦體物而瀏亮"，是一種隱晦的賦，飽含著作者不便明說的情感。魏晉時期，讖語離合盛行。實則，離合正是謎的一種。"謎"字首次出現於南朝時期鮑照所作的《字謎三則》，後來"謎"字廣泛出現，例如：劉向所著的《新序》、劉勰所著的《文心雕龍》等等，標誌著謎文化日漸成熟。

兩宋時期，謎語出現了一種新的藝術形式——商謎。後來有人將謎語寫於燈面之上，成了燈謎。不過燈謎有不同的稱謂，有人稱之為商燈，亦有人稱之為猜燈。

明代郎瑛所著的《七修續稿·詩文》中寫道："有詩謎若干篇，後習者宗之。翌日踵門，袖出一集，面書'自知風月'，乃問予曰：'此四字云何？'予解之曰：'自知風月者，即獨腳虎兒也。'曰：'何以顏茲名？'予曰：'嘗聞先輩云：更作三句以成詩，惜乎獨有一句，更難於謎，故號曰獨腳虎。'"《謎拾》寫道："古名賞燈，又曰春燈，或呼為文虎。"

　　燈謎在不同時期有不同的稱謂，這也是貫穿整個中華謎史的主線。倘若用一個字來概括中華燈謎文化，那就是"隱"字，取其隱晦、含蓄之意。無論在哪個年代，無論燈謎在當時扮演著怎樣的角色，處於怎樣的地位，都離不開這個"隱"字。制謎者"隱"，猜謎者亦"隱"。燈謎是伴隨著人類語言的產生而產生的，是語言到文字，再發展、流傳、成熟的中華歷史的最好印證。

　　隨著時代的發展，越來越多的文化內涵融入燈謎之中。唐詩、宋詞、元曲、明小說、清燈謎，燈謎加入中國古代文學藝術瑰寶行列當中，是中華文化大花園中的一朵奇葩，是中華文化極具代表性的藝術形式。新中國成立以後，在"百家爭鳴、百花齊放"方針的指導下，各地的燈謎組織如雨後春筍般拔地而起。在資訊互聯的推動下，傳統燈謎中不斷加入新元素、新思潮，布及全中國，走向全世界。

二、燈謎的傳統美學與審美價值

　　燈謎是歷史最為悠久的中華文明之一,它源於漢語言,並以漢字為載體,也是眾多中華文明之中最具民族特色的文明之一。

　　燈謎藝術是極具生命力的,幾千年來,它經歷了隱語廋辭、增損離合等等藝術表現形式,最終在兩宋時期與"燈"相結合,成為名副其實的"燈謎",又從專屬皇宮大臣、文人墨客的文娛活動發展為街頭巷尾之尋常百姓皆可參與的大眾遊戲。燈謎一步一步從小眾文化轉變為一種大眾文化,融入勞動人民的智慧與汗水,逐漸成為中華文化的代表,能夠樹立於眾多文明之中而屹然不倒,且永葆青春。任何一種文明都是以勞動人民為物件的,離開了勞動人民,文明不可能永遠流傳,美的東西不會久遠,終將不復存在。文明是智慧的結晶,藝術是文明的表現形式。燈謎正是依託於人民,傳承於人民,發揚於人民。

　　縱觀中華謎史,燈謎可以說與漢字一樣久遠。自倉頡造字開始,燈謎觀念便可能已在人們的腦海中形成,只是還未有一個特定的稱謂,後來改稱為隱語、謎、謎語等等。它與漢字相生相隨,是完全融入漢字的"音""義""形"等精髓,並加入中國的"隱"文化後形成的。

　　何為"隱"文化?

　　《說文解字》中解釋道:"隱,蔽也。"隱,是隱晦、不顯露之意。前文也有提及,含蓄是中華民族的傳統,中華民族是一個含蓄的民族。從燈謎的雛形到形成完整的燈謎體系,無不體現著"隱",有的簡單省略某些字詞,有的刻意隱藏某種思想情感。自此,燈謎便孕育而生了,因為與"隱"有關,後來直接改稱"隱語"。但是,隱語只是在文人墨客之間流行,它格調隽秀，内容深邃難懂，使廣大勞動人民不禁望洋興嘆。雖然在當時，燈謎的傳承已歷經千年，燈謎的框架也已經基本成形，但是還沒有燈謎文化之說。

漢語言文字往往存在一詞多義的現象，或者因字與字的組合不同，其意義也是千差萬別的。同樣的詞語，如果斷句、理解不同，其意義也是不盡相同的。運用到燈謎當中，制謎之人有意隱晦其中的某個意思，加入一個新的語境，來一招"偷樑換柱"，使人容易陷入作者的佈局而未能聯想到作者要傳達的真正詞義。因為燈謎之中有"隱"存在，所以在猜射燈謎的時候不能直接根據謎意猜射，而是需要別解，可以是謎面的別解，可以是謎底的別解，也可以是底面同時別解。換言之，燈謎中的"隱"既是一種含蓄之美，也是一種別解之美。燈謎為何能夠包羅萬象，千變萬化，妙趣橫生，原因就在於此。例如：

黑五類：在"文化大革命"時期指的是地主、富農、反革命分子、壞分子、右派分子的子女；在食品行業中指的是黑芝麻、黑木耳、黑米、黑棗、黑豆五類黑色的食品；在法律上又指從事黑社會性質組織類、恐怖組織類、毒品犯罪類、走私類和貪污賄賂類的犯罪分子。

衣錦還鄉（打人名一）。

衣錦還鄉，是指人富貴之後身穿華服回到家鄉。元代戲曲家高明的《琵琶記》中也有記載："但願得你名登高選，衣錦還鄉，教人作話傳。"原成語注重"衣錦"二字，取其登科富貴之意，

這也正中了制謎之人的下懷。常有華服加身，倍感榮光之說，"衣錦"可別解為榮光，加之謎面有歸鄉之意，因此謎底為"歸有光"。

清末民初時期著名的謎家張起南在《橐園春燈話》中說道："作謎者如化學家之制造物品，一經鍛煉，即變其本來之性質。無論聖經賢傳，大義凜然，一入制謎家之手，則顛倒錯亂，嬉笑詼諧，無所不至。蓋謎底決無用本義者，若用本義，即不成

張起南

為謎矣。使道學先生見之,有不裂眥透爪,嗔其污衊,指為罪過者乎。故迂拘之士,不可以言謎也。"

燈謎文化中所蘊含的美遠遠不止別解之美,就其框架結構、文字組合、底面扣合而言,也有一種別具一格之美。如果說以別解來表示燈謎的文化內涵之美,那麼,諸如文字框架等外在表現形式便可以藝術之美代之。

雅俗共賞之美。萬物有雅俗之分,燈謎亦有雅俗之別。典雅的燈謎對謎面和謎底都甚為講究,喜好入詩入典,別開生面,重在展示文采與謎藝;而通俗的燈謎則不然,謎面重在通俗易懂,不講究文采與章法,謎底也往往是廣為人知之事。雅與俗是兩種極端的表現,是一種普遍存在又極難化解的矛盾,因為它們來源於人的審美價值觀念,而審美觀一旦產生便是無法輕易改變的。燈謎卻擁有某種強大的包容力,可以調解這兩種極端,中和這個固定的矛盾,通過扣合與別解將兩者合二為一,有如神助。

襟上杭州舊酒痕(打《百家姓》句一)。

謎面出自唐代詩人白居易的《故衫》:"袖中吳郡新詩本,襟上杭州舊酒痕。"詩人曾經在杭州為官,故衫的衣襟上沾有杭州的酒痕。詩人見到酒痕想起自己年少的青春,不禁有年華易逝、青春易老之感。

《百家姓》中的"印宿白懷"原是四個姓氏,這裡,"印宿"別解為舊時的印記;"白懷"別解為白居易的胸懷,引申為白居易的衣襟。"印宿白懷"可理解為白居易衣襟上的印記。謎面引用詩句,典雅大氣;謎底語言直白,通俗易懂。一雅一俗,扣合緊密,絲毫不顯牽強。

因果扣合之美。因果是一種自然規律,東方人講究因果迴圈,凡事有因必有果,這是"天理"。因與果其本身就是一種自然的扣合關係,謎人別具匠心,將自然之美引入燈謎之中,謎面與謎底,一因一果,扣合緊密,天衣無縫。

畫龍不點睛(打《牡丹亭》句一)。

唐代張彥遠所著的《歷代名畫記》中記載

白居易

畫龍點睛圖

這樣一段話："金陵安樂寺四白龍，不點眼睛，每云：'點睛即飛去。'人以為妄誕，固請點之，須臾，雷電破壁，兩龍乘雲騰去上天，兩龍未點眼者見在。"張僧繇是梁武帝時期非常著名的畫家，尤其擅長畫龍、鷹，每一幅畫都是神乎其技，栩栩如生。他曾在金陵安樂寺的牆上畫了四條龍，雖是惟妙惟肖，技藝精湛，但是這幾條龍均沒有眼睛。張僧繇說："龍不可點睛，否則就飛走了。"眾人不信，都要求他畫上眼睛以求完美。張僧繇只好揮筆給兩條龍畫上眼睛，可誰知，頃刻間電閃雷鳴，牆壁倒塌，這兩條龍吞雲吐霧，騰空而起。兩條沒有點睛的龍依舊還在。成語"畫龍點睛"便是出自此處。謎面上說"畫龍不點睛"，正是張僧繇應眾人要求給二龍點睛而龍飛，不敢給其餘的兩條龍點睛了，害怕點睛之後都飛走了。據說，龍有行雲布雨之能，所到之處皆是依雲帶雨。《牡丹亭·寫真》中有"又怕為雨為雲飛去了"一句，會意之後恰好可扣謎意。謎面為因，為何"畫龍不點睛"？謎底為果，"又怕為雨為雲飛去了"。一因一果，扣合緊密。

對仗工整之美。對仗工整是東方文明的傳統美學之一。早在先秦時期，民間便有掛桃符的習俗。待到唐代，詩歌興起，桃符才逐漸被文字取代，稱為"對聯"，講究倚對工整、字數同一、文義相近。謎人取對聯之精華，融入燈謎之中，使得燈謎的謎面謎底也成對偶，讀之朗朗上口，品之意味深遠。

莫道不如皇宮時（打《論語》句一）。

謎面出自白居易的《昭君詞》："漢使卻回憑寄語，黃金何日贖蛾眉？君王若問妾顏色，莫道不如宮裡時！"漢宣帝駕崩，漢元帝劉奭即位，呼韓邪單于提出和親，以促使匈奴和大漢和平相處，免於戰火。漢元帝不想把自己的女兒嫁去番邦。於是，漢元帝就決定挑選一個宮女充當公主，可是番邦乃苦寒之地，不比中原，而且與中原路途遙遠，回國更是遙遙無期，沒有一個宮女願意去。王昭君不甘一生為婢，向漢元帝請纓。在古代，女子出嫁不可露面，唯有請畫師作出肖像。畫師毛延壽是一個貪財之人，宮女想找他畫肖像都要暗塞紅包，王昭君不願意給他送禮，毛延壽便在她的畫像上加了一顆喪夫落淚痣。女子以容顏為之貴，尤其是後宮的女子更是注重"顏色"。王昭君想要出宮，卻因毛延壽的"有心之筆"令她的"顏色"降了一等，所幸的是王昭君天生麗質。《論語·鄉黨》中有"出，降一等，逞顏色"一句，原意為，孔子退出朝廷大門，走下臺階，臉色便舒展開來。在此謎中，"出"可別解為出國，指王昭君和親番邦匈奴；"降一等，逞顏色"可別解為畫像一事讓她的"顏色"下降一等。若將其中的斷句去除，"莫道不如皇宮時，出降一等逞顏色"，淒涼悲傷之感不言而喻。

　　當然，燈謎之中蘊藏的美學定然不止於此，有待大家去發現！

三、各式各樣的燈謎風格

　　燈謎的藝術風格取決於謎家的風格,不同的謎家所作的燈謎其藝術風格也不盡相同。有的燈謎清新典雅,有的燈謎通俗易懂,有的燈謎別具一格,有的燈謎發人深省。但這些都不是判定一則燈謎優劣的標準。優秀的燈謎是能巧妙地運用別解,使人有豁然開朗之感,同時底面扣合緊密,令人無法吹毛求疵。

　　燈謎的藝術風格不等同於燈謎的分門別派,只有眾多同類型風格的燈謎組合在一起,才有機會分為一派。但是,即便是門派存在,燈謎的藝術風格也是五彩繽紛的,它不受門派的約束,而是取決於謎家之內心,因為人的內心是多樣化的,是可變的,因而燈謎的藝術風格也是多樣的。

　　典雅。典雅是燈謎最為常見也是最為重要的藝術風格之一。尤其在古代,不管是當時的隱語,還是賦,抑或者是離合增損,都是以典雅著稱,是一種專屬於文人墨客、達官貴族的娛樂方式與文采技藝競技標準。發展到辛亥革命時期,燈謎分為"南宗北派",南宗燈謎大多沿用了舊時"雅"的燈謎藝術風格,多引用古文、古詩詞,多用典,結合了江南特有的柔美含蓄之韻味。品讀典雅的燈謎本身就是一種美的享受,謎面意境優美,韻律和諧。然而,即便是引用古詩文,入謎之後的文義與作者原先所表達的情感截然不同,別解之後便往往更出乎意料,給人以煥然一新之感。燈謎是時代的反映,其內容和猜射方式都需隨著當下流行形式的改變而改變,它是與時俱進的,如果不推陳出新,即便再典雅也會顯得呆板木訥。這正是典雅燈謎之精妙所在,既"雅"又"新"。

殷勤謝紅葉，好去到人間（打書目一）。

謎底為"韓詩外傳"。謎面出自唐玄宗時期宮人韓氏所作的《題紅葉》："流水何太急，深宮盡日閑。殷勤謝紅葉，好去到人間。"唐代範攄所作的《雲溪友議·卷十》中記載："中書舍人盧渥，應舉之歲，偶臨禦溝，見一紅葉。命僕擎來，葉上及有一絕句。"盧渥將此紅葉藏於箱內妥善保管。後來，他娶了一位曾經當過宮女後來被遣出宮的女子韓氏為妻。一日，韓氏偶然發現了那片紅葉，感歎道："當時偶題隨流，不謂郎君收藏巾篋。"寫在紅葉上面的這首絕句正是自己所作！這真是一則動人又幸福美滿的愛情故事。作者身處皇宮之內有如籠中之鳥，詩中充滿著作者對自由和幸福的嚮往，是一首典型的宮怨詩。《韓詩外傳》實則是西漢時期韓嬰編撰的一部記錄古事古語的書，這裡用作謎底。"韓"字，指的就是宮人韓氏；"詩"，正是韓氏寫在紅葉上的《題紅葉》；"外傳"，有對外傳遞之意。底面相扣，巧妙結合。

通俗。通俗與典雅相對。如果說隱語只是流傳於文人貴族，那麼通俗的燈謎便是起源、流傳於民間。在注重"雅"的隱語時，"俗"的隱語已然隨之產生了。燈謎雖有雅俗之分，但雅與俗都是燈謎的重要組成部分，缺一不可。古代勞動人民智慧有限，接觸雅的事物也有限，所以創作出來的燈謎往往側重於生活，不在文字上吹毛求疵，不拘泥於制謎方法與猜射技巧，只需通領大意即可，所猜射之物均是日常生活隨處可見的家常事物或妯娌之事，抑或是眾所周知的人與事。這樣，既便於作謎，也便於猜謎，更便於謎的流傳。

拔茶植桑（打《千字文》句一）。

謎面之意為拔去茶樹，種上桑樹，是一種農事勞動。宋代，茶文化逐漸發展，茶園逐漸擴大，百姓見種茶能獲得更好的收入，紛紛開始種茶樹，甚至有"拔稻種茶"的現象。北宋名臣張詠做崇陽縣令之後，得知情況，知道事多必賤，雖然如今茶葉的價格很高，但是太多的人種植茶樹，茶葉必將泛濫成災，價格只會一降再降，到那時痛苦的只有百姓。於是下令"拔茶植桑"。一開始百姓還不太願意接受，但事實證明張詠的舉措是正確的。百姓們見到效益之後對張詠更是感恩戴德。《千字文》中有"去而益詠"一句，這裡理解為拔茶植桑一事見到效益因而感謝張詠。以"去"扣

"拔茶"；進而會意出"益詠"二字之意，從大意來看與謎意吻合。

幽默。謎的產生除了傳遞一些隱晦的資訊之外還有一個更重要的功能，那就是娛樂。謎是伴隨著遊戲心理的產生而產生的，所以，幽默詼諧也是燈謎重要的藝術風格。這類燈謎的選材很廣，只要是有趣的事物，包括俗語、諺語，都可入謎，也可以是看似毫無關聯的事物被謎人通過別解巧妙地扣合到一起。幽默風格的燈謎與其說是對猜射者猜射技巧的考驗，不如說是對謎人高超的制謎技巧、觀察入微的心思和別出心裁的創意的考驗。一道幽默的燈謎，表面看似風風火火、大大咧咧，猜出謎底之後更會讓人捧腹大笑，忍俊不禁，但是其制謎之難度超乎其他燈謎。扣合別解是燈謎的嚴格規定，幽默詼諧又似乎有放蕩不羈之感，兩者一個固執一個調皮，謎人有意將兩者扣合到一起，其難度可想而知。謎人的神乎其技就體現於此，他總有方法能夠巧妙地處理兩個極端，既不失燈謎扣合別解之本質，又不失其幽默詼諧之外

思郎思絕粒，蹙損兩眉尖（打諺語一）。

謎面之意為妻子因為思念丈夫，思念到了不吃飯的地步，整天過分擔憂眉頭緊鎖，以至於眉毛都消瘦了。謎人以"好漢不吃眼前虧"為底。"思"因為喜好，扣"好"；"郎"即丈夫，扣"漢"；"絕粒"即絕食，扣"不吃"；"兩眉"在"眼前"；眉毛尖瘦，有虧損之意，扣"虧"。此謎淺顯易懂且妙趣橫生，謎面是妻子思郎之淒涼景象，謎底卻滑稽幽默，看似牛頭不對馬嘴，但字字扣合。更為難得的是，謎底的字數多達七個字，而且毫無閒字，十分難得。

以上列舉的三種風格是最為常見的幾種燈謎藝術風格，當然，燈謎的藝術風格遠遠不止這三種。例如：對仗，有些燈謎要求自成對聯、精細，有些燈謎講究字字精准、帶格，有些燈謎偏向帶有謎格，等等。隨著時代的發展，萬象更新，還會有各式各樣藝術風格的燈謎湧現，形成百花爭豔的局面。每一種風格的燈謎都有其特定的文化含義和藝術價值。謎人不應該固守幾種傳統的藝術風格，而應該在弘揚傳統文化的同時以一種開放的心態去接受新的事物，發掘新的燈謎風格。

四、燈謎文化藝術之鄉

廣東汕頭市澄海區、福建漳州市薌城區、福建石獅市蚶江鎮被譽為"中國三大民間燈謎藝術之鄉",對燈謎文化的傳承和發揚產生了積極的影響,對保護傳統文化、弘揚民族精神也具有非常重要的意義。

廣東汕頭市澄海區位於廣東省東部、韓江三角洲出海口,對外文化交流便利,文化發展繁榮,燈謎文化更是蓬勃昌盛,經久不衰。澄海燈謎囊括了古今中外之詩詞歌賦、天文地理、新舊事物,形成了一種極具民族特色的傳統文化。

我國民俗學家、民間文學大師鐘敬文先生曾題詞道:"燈謎是中國的一種傳統文化,是可貴的民族智慧的表現。"澄海燈謎的產生與中國燈謎一樣,也是經歷了從民間口頭文學到隱語,再逐步發展成燈謎,從專屬於文人雅士的娛樂形式到尋常百姓都可參與。早在明代,潮汕各地便盛行猜謎活動,民間還流傳著吳殿邦解謎的故事。吳殿邦還未中進士時,是一個舉人,為人自視甚高,也寫得一手好字。一天有一個橫行鄉里、欺壓百姓的財主搬家入新宅,想請他寫一個"福"字,以求"福澤延綿"之意,但被他一口拒絕了,於是那個財主就找了一個同吳殿邦關係較好的秀才去說服他。秀才知道吳殿邦喜歡求強,正逢那日秀才當謎台主,吳殿邦當猜客,於是秀才就出了兩道啞謎。第一道謎,秀才拿出一張寫著"水火"兩字的信箋,下方並懸了一串銅錢,打俗語一句;第二道謎是懸掛著一瓶酒和一塊豬肉,並備了一張紅紙、一支毛筆和一罐墨汁,也是打俗語一句。又說:"這兩道謎的難度都是非常大的,不是一般人能夠猜射出來!"吳殿邦上臺,取下那串銅錢,並且撕爛了那張信箋,口中念道:"得人錢財消人災(繁體字的'災')。"秀才擊下。他又將酒肉取下，拿起毛筆在紅紙上下一個"福"字："食人酒肉贈人鼓三福。"秀才又是擊鼓三下。事後吳邦殿才知道是上了秀才的當了，秀才輕鬆得到了吳殿邦的墨寶。

故事中的"擊鼓三聲"是澄海燈謎所特有的，成為三聲鼓法。對完一句，擊鼓一聲；若是猜中謎底，則擊兩鼓；再解釋謎義，若正確，則三聲鼓響。耐得翁的《都城記勝·瓦舍眾伎》中記載："舊用鼓板吹《賀聖朝》，聚人猜詩謎。"當年是一些華僑將此法帶至國外保存才得以流傳下來，在中國的其他地方已經銷聲匿跡了。《夢粱錄》中載："商謎者，先用鼓兒賀之。"而澄海燈謎一直沿用著宋代傳統的風俗。

古時候的潮汕地區因地處邊界，相對中原略顯荒涼，往往成了官吏被貶流放之地，像韓愈、蘇軾、王安中、楊萬里、朱熹等文人名士都曾被貶到此。如此一來，潮汕的文化逐漸繁榮起來，燈謎作為一種趣味性極強的娛樂形式，頗受百姓喜愛，成為挨家挨戶、男女老少喜聞樂見的文娛活動，更有童謎的出現。清代的康熙和嘉慶時期的《澄海縣誌》中便記載著這種盛況。童謎，又稱之為小謎語，因為它語義淺顯，通俗易懂，深受小孩子們喜愛。例如：

天生喜歡吃棉花，肚子圓圓如青蛙；平時很少出去玩，只愛抱著腦袋瓜（打日常用品一）。

謎底為"枕頭"。

一件東西很稀奇，身穿三百多件衣；一天給它脫一件，年底只剩一張皮（打日常事物一）。

謎底為"日曆"。

早期的潮汕燈謎局限於區域方言，流傳受到很大的阻礙，後來由於外地謎的傳入，使得澄海傳統燈謎既融入了本地民間方言謎語，又吸收了外地制謎方法和猜謎技巧，形成了具有濃郁地方特色的澄海燈謎。它的猜射法門包括切音別解、白描寫真、增損離合等二十餘種，燈謎種類包括實物謎、印章謎、畫謎、啞謎、裝飾謎二十餘種。

福建漳州薌城位於閩南金三角一帶，歷史悠久，底蘊深厚，唐睿宗李旦統治時期便在此地設郡，至今大約有一千三百年了。

隨著"開漳聖王"陳元光的到來，中原文化傳入漳州，燈謎也就此慢慢在漳州流傳開來。據記載，到了宋元時期，漳州民間傳統節日活動中便已經加入了燈謎項目。《薌城區志·文化卷》中記載："明萬曆後期，燈謎開始出現於上元節。"明清之時，每逢元宵節和中秋節民間便有懸燈猜謎的習俗。當時猜謎之風極為盛行，燈謎已不再局限於文義謎，像啞謎、畫謎、實物謎等形式的燈謎也已融入燈謎活動當中。"文化大革命"時期，漳州燈謎曾一度落寞，待到"文化大革命"結束，改革開放總方針下達，燈謎立即恢復了往日的神采，並成立了"漳州燈謎協會"，這是全國第一個燈謎協會。

1992年春，"漳州燈謎藝術館"創立，後遷至威鎮閣主樓，被譽為"中華謎史第一館"。藝術館中收藏了三大鎮館之寶：謎聖張起南手書之"山輝書屋"楠木楹聯、高伯瑜先生捐獻的歷代燈謎古籍和陳日榮先生的"國粹一號端硯"，每一件都極具審美內涵與文化價值，並且都是獨一無二的。

漳州與寶島臺灣隔臺灣海峽相望。1989年之時，在這裡舉辦了"首屆中華燈謎藝術節"，有十四位來自臺灣的謎友參加，為海峽兩岸文化的融會貫通和祖國的和諧統一做出了巨大貢獻。改革開放之後，漳州謎家輩出，眾多燈謎刊物發行，傳遍全國，乃至世界各地。

福建石獅蚶江位於泉州灣東南岸，是一座文化古城。福建泉州是被聯合國教科文組織公認的海上絲綢之路的起點，是中國與外國交通貿易和文化交流的重要門戶通道，宋末元初之時，泉州與埃及的亞歷山大港齊名，被稱為"東方第一大港"。因此，當地的文化也甚是繁榮。

早在唐宋時期，石獅蚶江便有燈謎活動的記載了，"明燈懸謎於通衢，農夫漁民、商人學者都甚愛好，爭先猜射"。清嘉慶年間的《錦黃家譜二房長》中記載："鐘晃乳名昉，字元明，號敏慧乾養嗣子……多技藝，如猜謎、角棋諸戲技事，高人數著……"當時的燈謎盛況可見一斑。石獅燈謎融合了中原文化、本土文化和海洋文化，極具地方特色，深受百姓喜愛。清光緒年間，由林桂舟、林少懷、吳金炎等八人成立了"談虎樓"謎社，林桂舟時常前往臺灣經商，將各種制謎手法和猜射技巧以及謎格帶入臺灣，與臺灣謎界交流，豐富了臺灣燈謎文化。石獅蚶江與漳州薌城一樣，緊臨寶島臺灣，並多次舉辦燈謎藝術節，與臺灣謎界交流頻繁，為文化大團圓大統一做出巨大貢獻。

從地圖上看，漳州市和石獅市位於福建省東南地區，汕頭市位於廣東省東北地區，三大謎鄉集中於閩南粵東一帶。這是一種巧合，還是一種必然？

自秦代開始，中原戰火連天，許許多多的中原人無奈之下只好向南移民。當時閩南一帶地處邊境，人煙稀少，土地荒涼，中原人的湧入給潮汕地區帶來了大量的中原文化，並與當地習俗相融，尤其是陳元光平漳入潮一事，更是引起影響很大。

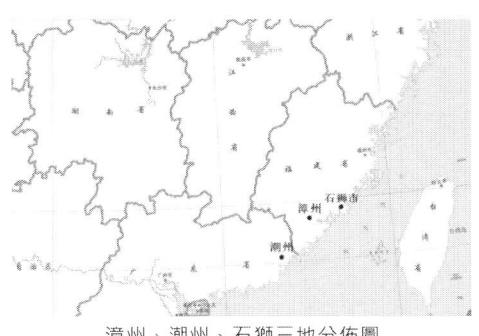

漳州、潮州、石獅三地分佈圖

潮汕方言與漳泉方言本屬一家，是閩南方言的一個分支，後來潮汕方言雖從閩南方言分離出去，自成一家，但與漳泉方言，尤其是閩南方言，仍有千絲萬縷的關係。

後來，因為朝代的更替，潮州、漳州和泉州被劃分到不同的地區，融入了一些新的元素，形成具有地方特色的文化，但其文化本源還是一致的。據記載，三個地方從事燈謎活動的時間大致還是相同的。三地民間各地都流傳著歐陽詹製藥謎喜結良緣、劉國軒大鬧黃公館的故事。

歐陽詹是福建晉江潘湖歐厝人，唐代國子監四門學助理教授曾在莆田靈岩精舍讀書。一日，他不幸病倒，想要到萬草芳藥鋪買藥。進了藥鋪，看到掌櫃的女兒荔枝很是漂亮，甚是喜愛，但又一想，光是漂亮是不夠的，還不知道她是否有才學。

於是，歐陽詹便決心刁難她一下："我一買宴罷客何為？"荔枝先是遲疑了一下，後答道："晚宴結束，客人自然要'當歸'。客官要多少當歸？"

"我二買黑夜不迷途。"

"黑夜不迷途，自然是'熟地'。"

"三買清溪一曲水。"

"清泉流水乃是'川芎'。"

"四買豔陽牡丹妹。"

"牡丹花的姊妹乃是'芍藥'。"

歐陽詹沒想到荔枝全部都答出來了，心裡暗暗佩服這位姑娘，決心要娶這位姑娘為妻。後中了進士，迎娶了荔枝姑娘，兩人的姻緣成為一段佳話。

明代末期，當時大將軍鄭成功部下的黃梧叛變，於是鄭成功就派遣部下的一個將軍劉國軒率兵圍剿，但是在討伐的過程中敵對雙方都佔據有利地形，勢力不分伯仲。對峙時期正逢元宵佳節，黃梧知道劉國軒喜愛猜射燈謎，心生一計，想在城中張燈結綵，高掛謎燈，想要以燈謎為誘餌吸引劉國軒入城，然後生擒劉國軒。於是，黃梧在公館門前設了一道啞謎。啞謎的擺設是：公館庭院之中擺放著一座用紙製成的祠堂，祠堂前面放置一口大銅鼎，旁邊放著一尊用銅錢串成的人像，還特意用金幣來充當眼珠，顯得金光閃閃。黃梧還命侍衛，無論是誰來猜謎，全部拿下。劉國軒早就洞悉了黃梧的用意，將計就計，與一名部下喬裝打扮成兩個漁夫，混入城中。夜晚，劉國軒孤身闖入黃公館，一腳踢翻了大銅鼎，滾動的銅鼎把紙制祠堂壓得粉碎。劉國軒又把黃梧的一名士兵打倒在地，口中大喊："我就在你的公台府，'遷其重器，毀其宗廟'（啞謎謎底之一：《孟子·梁惠王下》中二句），你這小輩，鼠目寸光，只是'目今錢作人'（啞謎謎底之二：漳州地區的諷刺俗語）罷了。"場面可謂是一片混亂，劉國軒二人趁亂突圍，平安返回營地，黃梧處心積慮，巧設機關，到頭來卻是自取其辱。

其次，漳州、石獅和汕頭同屬於沿海地區，深受海洋文化的薰陶。所謂海洋文化，《海洋文化概論》給出的定義是：海洋文化，就是和海洋有關的文化；就是緣於海洋而生成的文化，也即人類對海洋本身的認識、利用和因由海洋而創造出來的精神的、行為的、社會的和物質的文明生活內涵。海洋文化的本質，就是人類與海洋的互動關係及其產物。閩南粵東一帶曾是海上絲綢之路的起點，更是海上陶瓷之路的轉運點，來往商人甚多，文化的傳入、交流、融匯頻繁，創新性極強。如日本、印度及南洋、中亞、歐洲各國，世界各地的人們通過海洋串聯起來，相互交流各自的文化，形成海洋文化。對內，這三個地區均處於臺灣海峽沿岸，與臺灣有著千絲萬縷的關係，雖然清政府曾多次頒佈嚴禁渡海的法令，但還是阻擋不了兩岸同胞們之間的文化交流。

三大謎鄉的燈謎文化起源相同，在傳承的時候加入了本地的習俗與創作風格，形成極具地方特色的燈謎文化，深受百姓喜愛，成為大家喜聞樂見的娛樂項目，流傳極廣。新中國成立之後，尤其是在改革開放之後，三地燈謎藝術得到了進一步的弘揚。直至今日，有些傳統猜謎習俗還一直沿用著。

五、燈謎文化的意義

　　早在先秦時期，燈謎的雛形就已形成，它伴隨著漢字的產生而產生，可謂同漢字的歷史一樣久遠，與漢字一起見證了整個中華民族的發展歷史。中華民族每一段發展歷史都能在燈謎中找到印證。燈謎與中華民族骨肉相連，生生不息，雖然最早的隱語廋辭並非產生於民間、運用於民間，而是皇宮貴族、文人墨客專享的交流方式，用於進諫、軍事之上，似乎與人民群眾沒有絲毫關係；可是漸漸地，燈謎從絕對的高雅到融入了通俗文化，形成一種雅俗共賞的藝術。這不光是燈謎本身的雅與俗的交融，也是平民百姓的智慧與文人墨客的智慧的融合，更是民間藝術與高雅藝術的融合。自北宋"燈"與"謎"的結合後，燈謎的娛樂性、文學藝術性被全部激發出來。從此，燈謎才真正走上文化藝術的道路。

　　這些都是千百年前的事了。千百年來，燈謎從未有過雅俗的分化，即便是民間謎語逐步從燈謎中分離開來形成一個新的文化體系，但是燈謎的雅俗共賞格局從未被打破。正因為燈謎有如此大的包容力與親和力，才能夠代表全民族，記錄整個中華民族的發展史，中華民族之昌盛與衰敗、喜慶與落寞、日月更替，都在其中。四書五經、唐詩宋詞、元曲小說、奇聞軼事，大到國家大事，小到妯娌嬉談，均可入謎。

　　歷史是逐代發展的，是因果迴圈的，是不可跳躍的，想要讓兩段毫不相干的歷史銜接在一起是一件不可能的事情。但現代人用了一個很靈巧的方法解決了這個看似不可能的問題，那就是"穿越"，串聯這兩段歷史的正是當中的某個人。可惜即使劇情安排再精妙，人物塑造再生動，終有美中不足之處。歷史中無端出現了某個人物，帶來了不屬於這個歷史時期的某種思想，聽起來總有些荒謬。即便這個理論成立，那麼歷史勢必要改寫，"一隻南美洲亞馬遜河流域熱帶雨林中的蝴蝶，偶爾扇動幾下翅膀，可以在兩周以後引起美國德克薩斯州的一場龍捲風"，何況是一個人。然而，謎人獨具匠心，把發生於兩個不同朝代的事件入謎，通過扣合別解，將分別記敘兩件事的謎面和謎底自然銜接，則毫無牽強之感。

絕代有佳人（打《左傳》句一）。

謎面出自杜甫的《佳人》，"絕代有佳人，幽居在空谷"。描寫一個在戰亂年代被丈夫遺棄的女子。這位絕色佳人雖出身於名門府第，兄長位極人臣，但生不逢時，適逢安史之亂爆發，社會動盪不安，江河淪喪，日月無光，宗廟盡毀，禮樂崩壞，百姓流離失所，家破人亡，留得佳人殘喘於世。舊日風光不再，地位驟然下降，又遭逢夫家拋棄，顯得格外淒涼。這首詩是杜甫寫於安史之亂後第五年，杜甫雖為朝廷鞠躬盡瘁，憂國憂民，但時運不濟，仕途多舛，最終國破家亡，屋不避雨，衣食堪憂。詩中的佳人也是詩人自己的寫照。當然，這則燈謎引用此詩作為謎面，其意也是別解的，不全是詩人的寫作初衷。《左傳·石碏大義滅親》中有一句，"衛莊公娶於齊東宮得臣之妹，曰莊姜，美而無子"。衛莊公娶莊姜為妻，莊姜雖樣貌出眾，但無子嗣，後來衛莊公又娶厲媯。"絕代"別解為沒有後代，與"無子"相扣，"佳人"與"美"相扣，因此，謎底為"美而無子"四字。

謎面是發生於唐代，謎底卻是描寫春秋戰國之事。能將兩件風馬牛不相及之事緊密扣合，而且文采俱佳又不失幽默詼諧，唯有燈謎有如此之大的能力了。

中國的傳統文化之間也有著千絲萬縷的聯繫。如燈謎、對聯、年畫，無論其是否產生於民間，無論其產生之初是否高雅，終究都將和勞動人民緊密聯繫在一起，融入廣大勞動人民的智慧。倘若脫離勞動人民，則終不能長遠，因為民間智慧永遠有其巨大的凝聚力。

畫中畫著幾條魚（打成語一）。

謎底為"年年有餘（魚）"。

對聯亦可入謎,例如:

思親淚落吳江冷,望帝魂消蜀道難(打《詩經》句一)。

謎面是孫夫人廟中的一副對聯。孫夫人是東吳孫權之妹、西蜀劉備之妻孫尚香,因人稱劉備為梟雄,所以孫夫人也被稱為梟姬。夷陵一戰,陸遜大勝,劉備大敗,只好退兵至白帝城,托孤諸葛亮後便鬱鬱而終了。孫夫人得知劉備的死訊後趕至江邊,面向西蜀痛哭。後人被其故事所感動,在江邊修葺了廟宇以供奉,曰"梟姬祠"。此聯言辭真切淒婉,其情之真之切令人動容。《詩經·豳風·東山》中有一句,"我東曰歸,我心西悲",一作"我曰東歸,我心西悲",口中念道的是東歸,心裡惦記著的是西邊故鄉之悲慘。在此謎中卻別解為"我雖人在東吳,但口中卻念叨著要回去,我心向西蜀之地",悲傷淒涼,扣合謎意中孫尚香與劉備之情深義重。

在整個中華謎史中出現了一大批著名的謎人,例如:張起南、申叔晨、石仲蘭、馬振彪、葉友琴、黃庭堅等等,不勝枚舉。與其說是他們將燈謎藝術發揮到極致,同時在極大程度上弘揚了燈謎文化,倒不如說是燈謎成就了這些偉大的燈謎藝術家。成功者之所以成功,是因為站在巨人的肩膀上。而燈謎正是那個巨人,有著三千多年的歷史積澱與文化底蘊的巨人。

被譽為"謎聖"的清末民初謎家張起南,一生與燈謎為伴。他創作了《橐園春燈話》《春燈續話》和《橐園春燈錄》,制謎上萬則。此外,他一直潛心研究謎學,對燈謎的普及、創新、發揚做出了巨大貢獻。他在《橐園春燈話》中將燈謎分為三品:神品,"神傳阿堵,餘味盎然";能品,"文章天成,妙手自得";逸品,"別開生面,妙造自然"。

欲別牽郎衣,郎今到何處(打《左傳》句二)。

謎面出自唐代詩人孟郊的《古離別》:"欲別牽郎衣,郎今到何處?不恨歸來遲,莫向臨邛去。"詩中描寫的是妻子與丈夫離別之情形,妻子牽著丈夫的衣角,問他要到哪裡去。《左傳·僖公二十四年》中有"夫祛猶在,汝其

孟郊

行乎"可作為謎底,意為在丈夫離別之際,問其去往哪裡。此謎將妻子與丈夫的牽掛之情以及二人離別時妻子的依依不捨之情展現得淋漓盡致,韻味十足,是張起南之傑作,也是燈謎中的"神品"。

文學作品是以漢字為基礎的藝術形式,是由單個漢字組成的一種藝術,失去了文學作品,漢字也失去了藝術性。燈謎與文學作品一樣,都需借助漢字,以其為基礎,通過特定的規則和技巧將各個文字巧妙地、有機地組合到一起,形成具有欣賞價值的藝術作品。燈謎是文學作品的精華,它將文學藝術凝結於謎面、謎目和謎底之中,用短短的幾個字便囊括了所有想要表達的情感。中華民族史上湧現出了諸多優秀的文學作品,諸如《紅樓夢》《西廂記》《竇娥冤》,無一不是人物鮮明,形象生動,讀之令人心潮澎湃,回味無窮。而燈謎僅需幾個字便可傳達出如此細膩溫婉的情感。例如:

執手相看淚眼,竟無語凝噎(打唐詩目二)。

謎面出自北宋詞人柳永的《雨霖鈴·寒蟬淒切》:"寒蟬淒切,對長亭晚,驟雨初歇。都門帳飲無緒,留戀處,蘭舟催發。執手相看淚眼,竟無語凝噎。念去去,千里煙波,暮靄沉沉楚天闊。"謎面描繪的是一幅江邊送別圖,"都門帳飲"毫無心緒,想要停留一會兒,可惜"蘭舟催發""執手相看",又"無語凝噎",送別之後,又道"自古多情傷離別"。謎面之江邊送別,扣出謎底《哀江頭》《送別》,分別出自杜甫和王維,前者是杜甫感歎曲江之昔盛今衰,後者是王維送別友人歸隱。此謎牽連了三首詩詞,雖各自傳達的情感不同,但情是真情,意是真意,情真意切,同樣令人動容。

燈謎還出現在眾多的文學作品中,構成精彩的章節。《紅樓夢》中的"暖香塢雅制春燈謎"一節便使用到燈謎。李紈、李紋、李綺三姊妹自編了一套燈謎:

觀音未有世家——雖善無征。

"征"字別解為"納征",《禮記·士昏禮》中記載:"納征者,納聘財也。征,成也。先納聘財而後婚成。"納征即成婚。"雖善無征"

柳永

可理解為雖然面慈心善但沒能成婚。以"善"扣"觀音";以"無征"扣"未有世家"。

一池青草草何名——蒲蘆

謎面提問,小池的青草叫何名,謎底作答,乃是蘆葦。

水向石邊流出冷——山濤。

石,山石也,水從山石邊流出,意為山洪暴發了,因而扣出謎底"山濤。

螢——草。

《禮記·月令》中記載:"腐草為螢。"此謎以"草"扣"螢"。

同時,燈謎是中國的非物質文化遺產,歷史悠久、底蘊深厚、藝術形式獨特,豐富了人們的文化生活,提升了人們的文化品位,陶冶了人們的藝術情操,在整個中華文化大家族中處於極其重要的地位。

六、燈謎藝術走向世界

　　燈謎起源於古代中國，濃縮了從古到今勞動人民的智慧，是中國所特有的文化形式。千百年來，燈謎逐漸完善，走向成熟，形成了一種具有特定規則的文體。現在，多種花樣燈謎的出現給燈謎增添不少樂趣，但是，無論燈謎在形式上如何演變，或是更換載體，或是更換猜射場地，燈謎所傳達的精神以及燈謎自身的美感是永恆不變的。歸根結底，燈謎基於中華文化而形成，是體現中華文化的一種方式，是勞動人民的精神追求和生活的真實寫照，是中華"隱"文化的具體表現。所以，想要猜射出一則燈謎，想要製作出一則佳謎，都需要對中華文化有極深的認識和感悟。

　　猜謎制謎自古有之，也是古代文人和尋常百姓喜聞樂見的一種娛樂形式。大凡各代盛世之時，百姓豐衣足食，開始追求精神世界的滿足。燈謎作為為數不多的娛樂項目之一，受到極大的推崇，也得到了極大的發展。許許多多的外國使者或是通商貿易的商人，將中華文化帶到世界的各個角落，至此，燈謎也隨之流向世界。

　　中華燈謎的發展過程可謂是跌宕起伏。唐宋時期，燈謎可謂是百花爭豔，明清時期，燈謎曾一度達到了鼎盛。抗戰時期，燈謎在主題上從幽默詼諧轉變為保家衛國。新中國成立後，人民生活水準也有了顯著的提升，燈謎逐漸恢復了往日的神色。1966 年 5 月，"文化大革命"開始，貼大字報、興文字獄，在"十年浩劫"中，燈謎也同其他文化藝術一樣沒能逃脫魔爪，謎壇一度落寞，謎人受到禁錮、謎作被銷毀。許許多多的猜謎方法和技巧流傳至國外才得以保存，例如極負盛名的"三聲鼓法"。"文化大革命"一結束，許多保存在國外的技藝和謎作開始逐漸流回國內，謎人複出謎壇，燈謎再次恢復了生機。

時至今日，中國的綜合國力逐漸增強，中華文化越來越得到世界人民的關注，在世界文化之林中佔有重要的地位。越來越多的外國友人對中華傳統文化產生極大的興趣，開始學習儒家孔孟之道，學習墨家"兼愛""非攻"之學，等等。燈謎以其兼具趣味性和文學性的特點贏得了不少世界友人的喜愛，同時，燈謎也融入了不少西方的元素。例如：

曇花一現（打美國地名一）。

謎底為"華盛頓"。"華"字與"花"字同音，"盛頓"二字則別解為"頓時盛開"，扣合謎意。

爐前報告工作（打外國書名一）。

謎底為"鋼鐵是怎樣煉成的"。猜射此謎時應結合我國實際。當時我國正學習蘇聯發展模式，重點抓重工業。因此，"爐前"實指"鋼鐵爐前"，"報告工作"自然也是與鋼鐵相關的，所以，謎底便可得出。

在對外文化交流日益頻繁的今天，燈謎似乎作為文化的橋樑連接著世界各國人民。大凡世界各地，只要有中國人的地方，就會有中國傳統文化、傳統節日的蹤跡，例如遠在美國的唐人街便會在春節、元宵節和中秋節等中國傳統節日上舉辦猜燈謎活動。越來越多的國外友人也加入到中國傳統節日中來，貼春聯，猜燈謎，不亦樂乎。國外的孔子學院向外國友人傳授中華文化的同時，也會組織猜燈謎、鬧元宵等活動，讓世界人民感受中國傳統節日的繽紛色彩和源遠流長的文化底蘊。

燈謎是中國的，亦是世界的。燈謎的發展離不開世界，同樣的，燈謎亦是世界文化大觀園中的一顆璀璨明珠。相信在未來，燈謎一定能綻放出更耀眼的光芒。

中華文化叢書：燈謎

第四編　可驚可愕的謎語故事

中國古代的才子佳人常以舞文弄墨為樂，或是以此來比試才藝，出謎、猜謎正是一種喜聞樂見的娛樂形式。它也融入尋常百姓的生活之中，噓寒問暖、相互傳意皆可以"謎"代之。古往今來，謎事可謂眾多，其中，也不乏些許因為謎而引發的幽默風趣的事情。

一、小徒弟巧解魯班謎

魯班（西元前 507—西元前 444 年），姓公輸，名班，亦稱公輸盤、公輸般，因為他是春秋末期魯國人，所以名叫魯般，又因為古時候"般"字與"班"字同音，因此也叫魯班。他出身於工匠世家，從小在父母的指導下不斷學習技藝，積累了豐富的經驗，他一生髮明瞭許多東西，比如：鋸子、墨門、曲尺等等，還被視為土木工匠的鼻祖。

一次，魯班在授課的時候對他的徒弟說："你們明天一早都到我家來，我要出題考考你們！"

到了第二天，徒弟們一早都趕到魯班家門前，但師傅家的門緊緊地關著，門上留了五個字："今日可不見。"眾人圍堵著，議論紛紛，都不明白師傅的意思，明明昨天讓所有徒弟都到他家去，說要考大家，怎麼今日又說可以不來？

正當大家雲裡霧裡不知所措之時，人群中突然傳來一個聲音，眾人齊刷刷地注視著他。他是年紀最小的一個徒弟，他說："我們快去河邊吧，師傅可能就在那裡等我們呢！"

眾人不解，問道："你怎麼能肯定師傅就在河邊？而且師傅明明在門口留了字，說今日可不見，就是想讓我們看到，各自散去。""其實這並不是師傅的本意，大家都理解錯了。門上的五個大字中，'可'字是

魯班

'河'的一邊；'不見'兩個字合在一起就是一個'覓'字。師傅是想讓我們今日去河邊找他！"

大家覺得他的話有幾分道理，於是跟著他來到了河邊，師傅果真在那裡。

魯班看到自己的徒弟都來了，很是高興，指了指旁邊的一堆木頭，說："這就是你們今天的題目，給你們三日時間，用這些梓木做一件東西，要做得精。"

三日之後，徒弟們拿著各式各樣的雕刻來，有飛禽也有走獸，有人物也有器具，還有花草樹木，件件雕工精美，渾然天成。但是魯班見了還是搖搖頭，沒有一個是滿意的。正在這時，他的年紀最小的徒弟抱著一個小書架走過來，遞到師傅手中。魯班頓時眉開眼笑了，摸摸他的頭，對他稱讚不已。

魯班說："這才是我真正想要你們做的。作為一個工匠，心靈手巧固然重要，但是一個機敏的頭腦也是不可或缺的，只有這樣，你們才能洞悉顧客的需求，創造出令人滿意的作品來。"眾人點點頭。

大家還是不理解師傅為什麼只喜歡那個小書架，它的做工並不精細，結構也不美觀。待師傅離去之後，大家請教小師弟，問其原因。他說："其實師傅的本意並不是讓我們去做一個精美的物件來，而是做一個'晶'字結構的物件。"

"'晶'字結構的物件？"眾人更是不解。"沒錯。師傅說的'三日'，合在一起就是'晶'，而'精'與'晶'同音，'梓'與'字'諧音，意思就是'晶'字。"

眾人這才恍然大悟。

二、才高八斗之東方朔

東方朔(生卒年不詳),字曼倩,西漢著名的詞賦家,為人幽默詼諧,才華橫溢,治政有方,為國之棟樑。

漢景帝劉啟駕崩,漢武帝劉徹即位,選賢舉能,廣招賢才,東方朔正在入選行列之中。宮中之人多閒暇無聊,喜好射覆,借此娛樂。何為射覆?《漢書》中記載:"上嘗使諸數家射覆。顏師古注曰:'於覆器之下而置諸物,令暗射之,故云射覆。'"也就是在甌、盂等器皿之下放置物什,讓人猜度裡面放置何物,所猜之物大都是生活之中常見的用品,諸如筆墨紙硯、摺扇、手絹等等,倘若要增加難度,也可放置較小的動物或植物。猜射之人在想出器皿之下為何物時,需講出"射覆詞",然後說出答案。實則,這裡的射覆詞就相當於燈謎裡的謎面,所猜之物便是謎底,而謎目就是"打一物"。後來人們利用射覆的原理,延伸出一種填字類燈謎,即為"射覆謎"。《漢書》之中還記載了一則東方朔巧解射覆的故事:

上嘗使諸數家射覆,置守宮盂下,射之,皆不能中。朔自贊曰:"臣嘗受易,請射之。"乃別蓍布卦而對曰:"臣以為龍又無角,謂之為蛇又有足,跂跂脈脈善緣壁,是非守宮即蜥蜴。"上曰:"善。"

東方朔

十匹。複使射他物,連中,輒賜帛。

漢武帝極其喜好射覆,一次,他召集群臣,命人在盆裡放了一隻守宮(即壁虎),供群臣猜射,猜對者必有重賞。可是沒有人能猜對,後來東方朔猜中,得到了漢武帝的賞賜和群臣的贊許。但是其中有一個朝臣很是不服,對東方朔說:"你若是能猜射出我放置的物品,我甘願受罰一百杖,如若不然,你也不能領賞。"東方朔見已無緩和餘地,只好答應,結果又被東方朔猜射出來了。東方朔正是利用漢武帝的喜好接近漢武帝,並適時向漢武帝諫諍國政,為國家百姓著想。

劉徹

還有一次,上林的地方官員向漢武帝進獻貢品。漢武帝見東方朔進來了,便用手杖在門檻的木頭上敲了兩下,又道:"叱叱,先生束束。"東方朔一聽便知漢武帝的言外之意,也就是給他出了一道射覆,讓他猜猜是什麼東西。東方朔道:"是上林進貢的七十七枚棗子。"漢武帝問他是如何得知的,東方朔回答道:"我一進門便看見皇上敲了兩下木頭,雙木作'林',在木之上便是'上林';叱叱,雙七也,作'七十七';束束,雙束也,扣'棗'字。"漢武帝聽了很是高興,對東方朔又是一番賞賜。

漢武帝身邊有一個倡優,叫郭舍人,有幾分才學,深受皇帝寵信,又因漢武帝喜好猜謎,因此他常常被拿作與東方朔比較。郭舍人見東方朔總能猜中謎底,得到賞賜,心中不服,於是找了一個制謎高手研製了一道謎,決心刁難一下東方朔。

一日,在議完事之後漢武帝又讓二人相互出謎比試才學,郭舍人一看機會來了,便請求先出謎,讓東方朔來猜。謎曰:

客從東方,謳歌且行。
不從門入,逾我垣牆。

遊戲中庭，上入殿堂。
　　擊之拍拍，死者攘攘。
　　格鬥而死，主人被創。

聽罷，東方朔心中便已有答案，但他刻意不說，又回了一道謎：

　　長喙細身，晝匿夜行；
　　飲朱砂酒，拍見閻王。

郭舍人一聽，知道東方朔的謎底與自己的謎底一樣，都是"蚊子"：原來他早就猜出來了，虧自己還暗笑他猜射不出。郭舍人既羞且愧，自歎不如。

三、白水真人的由來

西漢末年，朝野動盪不安，王莽被視為"周公再世"，順眾意奪得皇位。《後漢書》中記載："及王莽篡位，忌惡劉氏，以錢文有金刀，故改為貨泉。"即位之後，王莽立刻實施新政，因為對劉氏極為痛恨，又因"錢（'錢'的繁體字）"字之中包含"金"與"戈"二字，"戈"即"刀"；"劉（'劉'的繁體字）"字之中包含"卯""金""刀"三字，兩字重合，"錢"字不可再用了。於是將"錢"字改名為"貨泉"，取其流通無阻之意。

後劉秀建立東漢王朝，對"貨泉"二字一直很是賞析，一直沿用。相傳，曾有一高人贈了劉秀八個字"真人既出，複漢滅莽"。剿滅王莽、匡扶漢室的人自然是劉秀，可這"真人"二字何解？

劉秀仔細思索幾番，最後想到，還是在於"貨泉"二字裡邊。"泉"字可拆分為"白水"二字；"貨（'貨'的繁體字）"字可拆分為"真人"二字。原來高人所指的真人，實則名為"白水真人"，就是劉秀自己（劉秀與劉在南陽郡白水鄉起義，後來"白水真人"也指漢光武帝劉秀）。因此認為自從王莽將"錢"改為"貨泉"之日起便大局已定，遂將貨泉改為"白水真人"錢。

王莽

劉秀

四、諸葛亮破鴻門宴

三國時期,魏國強大,劉備想聯合孫權一起抵禦曹操的攻擊。後來便有了歷史上著名的以少勝多的戰役——赤壁之戰,也奠定了三國鼎立的局面。

東吳的周瑜知道諸葛亮滿腹才學,足智多謀,如果赤壁之戰打敗曹操之後,以諸葛亮的才學,將來蜀漢必定成為東吳最大的隱患。於是,以吟詩作對為名設宴邀請諸葛亮,想趁此機會剷除後患。諸葛亮早就洞悉了周瑜的心思,周瑜狂妄自大,對將來集體指揮並肩作戰極為不利。也罷,何不借此機會挫一挫他的銳氣。諸葛亮故意回答道:"喝酒吟詩不要緊,誰若是輸了,可是要取誰的首級的。"他還邀請了魯肅加入。

周瑜暗笑,以為諸葛亮已經中計,喝一杯酒,吟詩一首:

有水是溪,無水是奚。
去掉溪邊水,加鳥便是雞。
得志貓兒勝過虎,落毛鳳凰不如雞。

周瑜是把諸葛亮比喻成一隻落毛的鳳凰,如今還不如一隻雞。諸葛亮自知身處吳國境內,局勢不利,但又不能在氣勢上輸給周瑜,於是,也作詩一首:

有木是棋,無木是其。
去掉棋邊木,加欠便是欺。
龍遊淺水遭蝦戲,虎落平陽被犬欺。

周瑜

諸葛亮號臥龍，將自己比作龍與虎，將周瑜比作蝦和犬，符合當下的局勢，自己身陷囹圄，處境不利，被一些小角色惡語相向。周瑜聽後怒髮衝冠，魯肅見狀急忙從中調解：

有水是湘，無水是相。
去掉湘邊水，加雨便是霜。
各人自掃門前雪，休管他人瓦上霜。

魯肅的意思為，每個人首先要做好自己的事情，不要理會別人怎麼做與怎麼想。適此，剛才尷尬的氣氛才有所緩和，可是周瑜還是耿耿於懷，又作了一首詩：

諸葛亮

有木是杻，無木是丑。
去掉杻邊木，加女便是妞。
隆中女子生得醜，百里難挑一個妞。

諸葛亮生於徐州琅琊陽都，隱居在名為隆中的山野之中，也就是隆中人，周瑜所說"隆中女子生得醜"，正是嘲諷他的夫人。諸葛亮道：

有木是橋，無木是喬。
去掉橋邊木，加女便是嬌。
江東美女數二喬，難保銅雀不鎖嬌。

銅雀台是曹操消滅袁氏二兄弟之後為了彰顯其平定四海的功績而在臨漳建造的。三國時期有"江南大小喬，河北甄宓俏"的說法，以形容三位美女。曹操垂涎二喬時日已久，諸葛亮用銅雀台象徵曹操，告誡周瑜要小心應敵，如若不然，曹軍攻破東吳，到那時國破家亡，美人不保。

周瑜聽到此話火冒三丈，暗中命侍衛包圍府邸，隨時可以沖進來奪取諸葛亮首級。魯肅見形勢如此緊張，勸解道：

有木是槽，無木是曹。
去掉槽邊木，加米便是糟。

為今之計在破曹，兩虎相爭大事糟。

如今的形勢是曹軍實力強盛，即便是蜀漢和東吳兵力相加，也是實力懸殊，難保得勝，更何況吳漢雙方還內訌不斷，照此情形，必定將大好河山拱手相讓。周瑜聽罷，亦知其輕重，才命侍衛撤去。一場鴻門宴，諸葛亮憑藉其機智，成功地化險為夷。

五、三國奸雄的才學

曹操（155年—220年），字孟德，雖然曾經挾天子以令諸侯，但在他掌權時也實行了一系列恢復經濟和社會秩序的政策，奠定了魏國的根基。他是東漢末年著名的軍事家、政治家，在文學上，也是造詣匪淺。

東漢建安十三年（208年），曹操受封丞相，修建丞相府，整個丞相府工程浩大，動工一年方才完成。曹操看後甚是滿意，當來到後花園的門前時，他停住了腳，端詳一番，命人取來筆墨，在門上寫一個"活"字，便離開了。眾人不解其意，又不敢詢問曹操，只好請來楊主簿楊修。楊修說道："門中一個'活'，便是'闊'字，是丞相嫌門太闊了，命人將這道門改小一點即可。"幾日之後曹操再次來到後花園，發現門已改小，很是滿意。

一日，有人送來一盒酥餅，曹操看後在盒子上寫了"一合酥"三個字，便離去。眾人面面相覷，不知丞相何意。楊修走過來，每人發了一塊酥，並且說道："這是丞相的命令，不能不吃。"眾人只好吃下。曹操回來，見盒子空空如也，問其緣由，眾人都說是楊修的主意。楊修道："這是丞相的意思，丞相在盒子上寫了'一人一口酥'，我們怎敢違背。"曹操笑笑，重賞了楊修。

年邁的曹操患了頭風症，發病時頭痛難

華佗

忍。華歆見眾位太醫都不能治好曹操的病症，於是向曹操舉薦了華佗，他與董奉、張仲景被並稱為"建安三神醫"。曹操為人向來多疑，從不輕易聽信於人，聽聞華佗有"神醫"之美稱，但不知真假，決心要考一考他。於是，他寫了一封信，命人交給華佗。信上說：

>　　胸中荷花，西湖秋英，
>　　晴空夜明，初入其境，
>　　長生不老，永遠康寧，
>　　老娘獲利，警惕家人，
>　　五除三十，假滿期臨，
>　　胸有大略，軍師難混，
>　　醫生接骨，老實忠誠，
>　　無能缺技，藥店關門。

　　華佗一看便知曹操心意，原來是曹操不相信自己，有意試試自己的才學。這首詩其實是多個謎，每一句詩都對應著一種藥名。華佗便給曹操回了信：

>　　"胸中荷花"乃是"穿心蓮"；
>　　"西湖秋英"乃是"杭菊"；
>　　"晴空夜明"乃是"滿天星"；
>　　"初入其境"乃是"生地"；
>　　"長生不老"乃是"萬年青"；
>　　"永遠康寧"乃是"千年健"；
>　　"老娘獲利"乃是"益母"；
>　　"警惕家人"乃是"防己"；
>　　"五除三十"乃是"商陸"；
>　　"假滿期臨"乃是"當歸"；
>　　"胸有大略"乃是"遠志"；
>　　"軍師難混"乃是"苦參"；
>　　"醫生接骨"乃是"續斷"；

"老實忠誠"乃是"厚樸";

"無能缺技"乃是"白術";

"藥店關門"乃是"沒藥"。

曹操看後才讓華佗診治。

不光是曹操，曹操的幾個兒子也是相當有才華的，其中曹植更是出類拔萃。

一日，曹操帶著曹丕和曹植外出郊遊，騎馬賞菊。正逢此時一群燕子從三人的上方飛過，曹操靈機一動，何不以此景為題，出一道謎讓二人猜猜，也好試一下他們的才學。於是，他思考片刻，指著遠去的燕子，道：

一對燕子繞天飛，

一隻瘦來一隻肥。

一年四季來一次，

一月裡倒來三回。

曹操讓兩個兒子以這首詩為謎面，猜一個字。曹丕一番苦思冥想之後，終一無所獲。曹植倒是想到了答案："一對燕子，一瘦一肥，像一個'八'字；'一年四季來一次'，每一年中有一個八月；'一月裡倒來三回'，每一個月中都有三個'八'，即初八、十八和廿八。因此，謎底是一個'八'字。"曹植的才學可見一斑，曹操聽後很是高興，心中萌生立曹植為世子的想法。

曹操有一女，即清河公主，是曹操與其妾劉夫人所生之女，因為一直沒有遇到如意郎君，嫁杏無期。於是，曹操決定公開招選良婿。當時曹操位高權重，個個都想高攀，可是曹操並不注重未來女婿的家室，也不注重他的樣貌，而是看他品行才德如何。聽聞沛人丁儀勤奮苦學，學富五車，並不介意他其貌不揚，召他入宮一試才學。

曹操給丁儀出了一道謎，謎曰：

一字九橫六豎，

問遍天下不知。

有人去問孔子，

孔子想了三天。

丁儀立刻答道："這是一個'晶'字。"曹操再出了一道，謎曰：

道士腰間兩柄錘，
和尚肋下一條巾，
就是平常兩個字，
難倒不少運行人。

丁儀答道："謎底正在這首詩之中，是'平常'二字。"曹操見他果真如傳聞一樣才學出眾，便欲將女兒許配給他。後在曹丕勸說下，而將女兒嫁與夏侯楙。

六、猜謎結良緣

溫嶠（288 年—329 年），字泰真，是東晉時期的名將，自小聰明機靈，才智過人，並以孝悌著稱。他二十三歲的時候進京趕考，豈料錯過了宿頭，之後投宿於村裡人家。

溫嶠一進房間便看見牆上掛著一幅字：

　　一間大廈空又空，
　　裡面倒吊齊桓公。

一看便知道這是一則字謎，但幾經冥想之後還是無法猜射其謎底。想想自己人稱才子，卻解不出一道謎，須知人外有人，天外有天，想之羞愧，順口感歎了兩句：

　　天無涯學亦無涯，
　　書到用時方恨少。

正巧此時這家人的姑娘端茶過來，聽到溫嶠剛才念的這兩句極像是一副對聯中的上聯。在放下茶離去的時候，那姑娘隨意說了一

　　細無度精亦無度，
　　事非經過不知難。

說者無心，聽者有意。溫嶠聽罷，覺得剛才那位姑娘說的這兩句話正好應和自己自言自語那兩句，合起來是一副對聯。於是，他覺

溫嶠

得這姑娘才學非凡，且貌美如花，立刻對她產生了愛慕之心。

次日，溫嶠向主人家告別，準備啟程繼續前行。老婦人卻擺好了酒菜，熱情招待他。飯後，那位姑娘拿出自己昨晚寫的對聯下聯，想請溫嶠補上上聯。溫嶠接過對聯一看，上面寫的正是這位姑娘昨晚臨走時留的話，對聯下方還署有小字——玉香，想必就是姑娘的芳名。溫嶠奮筆寫下上聯，老婦人將對聯掛起，高興地說道："我看你們倆還真是天生一對！不如你就留下做我女婿好了！"

溫嶠雖是心裡歡喜，但一直對自己猜射不出房中的字謎耿耿於懷，說道："我的才學不如姑娘，我還沒有猜出房中的字謎呢。"玉香給了提示："這個字乃是人倫之本，萬福之源。"溫嶠細細一想，"一間大廈空又空"，留得一個"廠"字；齊桓公原名小白，"倒吊齊桓公"之意便是將"小白"二字倒序，為"白小"。原來謎底是一個"原"字。"原"字通"緣"字，取其緣分之意。

七、柴紹妙解無字燈謎

有一年的元宵節，街上到處掛滿燈謎，唐代大將柴紹和秦瓊正在賞燈猜謎，忽然人群之中沖出一個大漢，對著眾人喊道："人人皆知元宵射虎，一直以來大家所猜射的皆是有字燈虎，今日在下特獻上無字燈虎，以謎會友。"

之後，又來二人，將一盞四方燈籠放置於桌上。這盞四方燈籠四面皆用白紙糊住，中間點有一根蠟燭。那大漢說道："請各位就此猜射兩句俗語，射中者，獎賞元宵五十枚。這題算是拋磚引玉，以後還有厚禮。"台下眾人開始竊竊私語，均不知從何射起。

秦瓊對柴紹低聲說道："燈虎燈虎，需有字才可猜射，這無字燈虎我還是頭一次見到。你可知道怎麼個射法？"

柴紹回道："有字無字均可作為燈虎。有字燈虎是將字寫於紙上供人猜射，猜射者只需答出謎底即可；倘若燈虎既是無字，也無須口答了，他既然擺出一樣東西，我們也可依樣畫葫蘆，擺出一樣東西或者做一件事來答之。"

那大漢見良久無人上臺猜射，神情極為得意傲慢："怎麼？沒有一個人能猜得出來嗎？所謂的才子，簡直就是浪得虛名！"

柴紹徐徐走上台，走到四方燈籠前面，將其正面撕掉，又將其左右兩面撕

柴紹

掉，此時，燈籠三面的白紙已經被撕掉了。柴紹又走到燈籠的反面，將其最後一面也撕掉了，留得中間一根蠟燭。

台下的看眾議論聲愈加大了。這時，那個大漢卻拍手道："射著了！射著了！恭喜這位先生！"並將五十枚元宵獎賞給了柴紹。圍觀的群眾更是不解了，這分明就是在撕燈籠，哪裡算是在射燈虎？有人說道："既然猜對了，不妨解釋一下，也好讓大家都明白明白。"

柴紹說："剛才我的這一系列動作正好應了一句俗語，'三思而後行，再思可矣'。"眾人頓悟。柴紹撕燈籠這一舉動正好扣合了俗語中的"思"字。

八、蘇軾妙解半句謎

蘇軾（1037 年—1101 年），字子瞻，號東坡居士，北宋眉州眉山人，宋代重要的文學家。蘇軾與袁公濟是同科出身的好友，北宋元祐年間，二人同在杭州相遇，促膝而談。袁公濟深知蘇軾對猜謎很有研究，於是想考考他。

一日，二人踏雪遊玩於西湖邊上，皚皚白雪有一尺厚，袁公濟行於大雪之上，遙看遠方景色，靈機一動，有了主意。於是道："蘇公，我剛想到一道謎，不知道您是否能解得開？"

蘇軾笑笑說："賞雪猜謎，也算得上是雅事一件，請示謎面。"

"雪徑人蹤滅（打半句七言唐詩）。"這天下間竟然還有猜半句詩的謎！七言律詩，到底是三個字還是四個字；

又或者說是前面半句還是後面半句。而且，七言唐詩範圍太大，即便是熟讀唐詩也根本無從下手！

蘇軾暗暗吃驚不已，但在友人面前又不好意思服輸，只得捋捋鬍子，故作深沉。正值他苦思冥想之時，路邊的小樹林裡突然飛出一群小鳥來，筆直一行，沖上雲霄。蘇軾眼前一亮，心裡一核算，似乎有了答案，嘴角上揚，含笑點頭，心中還暗暗誇讚袁公濟這道謎出得甚妙，謎底更妙。既然袁公濟有意刁難我，倒不妨也趁此機會難一難他。

於是，蘇軾說："我恰好也想到了一道謎，不知能不能博公濟一猜？""請示謎面！"

蘇軾指著遠去的鳥群說道："雀飛入高空（打半句七言唐詩）。"

袁公濟頓時沒了頭緒，呆若木雞。蘇軾見狀，說道："我的謎是從你的謎引申出來的，你若是猜對了我的謎，我也就猜對了你的謎。"袁公濟這才恍然大悟。

蘇軾拿起一根樹枝，在雪地上寫下一句詩，"一行白鷺上青天"。然後將這個"鷺"字攔腰截斷，成"路"和"鳥"二字，又道："前半句詩是你的謎底——一行白路；後半句詩是我的謎底——鳥上青天。"

袁公濟豎起大拇指："子瞻（蘇軾，字子瞻），你真是一個奇人啊！"

九、秦少遊秋香亭求婚

秦觀（1094年—1100年），字少遊，北宋時期江蘇高郵人，通古貫今，滿腹才學，且相貌不凡。一日，與蘇軾相邀秋香亭品酒賞花。蘇軾見秦少遊相貌堂堂卻至今還是孑然一身，便問起此事，才得知原來

秦少游早已有意中人。於是，蘇軾又問是哪一家的姑娘。秦少游有些不好意思，只是念了一首詩：

  原中花，化為灰，夕陽一點已西墜。
  相思淚，心已醉，空聽馬蹄歸。
  秋日殘雲螢火飛。

蘇軾一聽便知秦少游的心意。原來此詩是一個字謎，"原中花，化為灰"即"花"字去掉"化"字，便是一個"艸"字；"夕陽一點已西墜"即是"夕"字去掉一點；"相思淚，心已醉"即是"思"字去掉"心"字，便是一個"田"字；"空聽馬蹄歸"，會意為只剩下馬蹄，扣"灬"；"秋日殘雲螢火飛"即是"秋"字去掉"火"字，便是一個"禾"字，全部合併到一起便是一個"蘇"字。

原來秦少遊心儀的女子正是蘇家的蘇小妹。蘇軾覺得秦少游為人正直，品行端正，與蘇小妹可謂絕配，遂大力撮合。

十、活半仙難測自己命

　　宋高宗時期，京城有個測字先生，姓謝名石，據說測字非常靈驗，因此，在店鋪門上寫了三個字"活半仙"。有一年，四位書生進京趕考，距考試還很早，於是在京城閒逛。四人走

　　著走著，來到謝石的店鋪前，看到"活半仙"三個大字，心想著，這店主的口氣還真是大，敢自稱是半仙，也罷，且進去會會他，看他到底有何能耐。進了鋪，四人便叫了謝石來，說是要測字。謝石說："問什麼事呢？"一位書生說："我們四人都是進京趕考的，自然是問這屆科舉的狀元了！"謝石緩緩說道："請寫字來。"每位書生都寫了一個"貴"字，謝石看後，接連歎氣，心想，四人寫了同一個字，那要怎麼解呢？於是靈機一動，就說都很好。待四人準備出門離開之時，謝石將一個獨眼的書生叫住，告訴他，今年的科舉狀元就是他。

　　科舉結束，皇榜落下，獨眼書生果然中了狀元。那書生急忙趕到謝石的店鋪，問他是如何知道的。謝石笑笑，說道："我還記得四位測得是一個'貴'字。請將'貴'字拆分開來，就是'中''一''目'和'人'字，合起來的意思是今年的狀元會是一個獨眼人，便是閣下你了。"

　　又是一屆科舉，有個書生來到謝石的店鋪，問他關於自己今年的科舉考試如何，又寫了一個"串"字。謝石一看到這個字就接連道喜，說他既有小登科又有大登科。考試結束，書生果真中了狀元，還被皇帝選為駙馬。問其是如何得知的，謝石說："你寫的這個'串'字不就是兩個'中'字嘛！"

　　三年過後，又要舉行科舉考試了，一位書生聽說上一屆科舉時有個人找謝石測了個"串"字，結果不僅中了狀元，還當了駙馬，真是光宗耀祖！於

是來到謝石的店鋪，也寫了一個"串"字，同樣是問考試情況。謝石眉頭緊鎖，歎氣道："別說是中狀元了，你連能不能去考試還是個問題呢！"聽得那書生很是生氣，憤憤離開。豈料，一回到客棧他就患上了病，臥床不起，耽誤了考試。等病稍有好轉，他才勉強爬起來，去找謝石，問他為什麼上屆科舉時的書生寫了個"串"字，就能中狀元，而自己就不能？謝石答道："他是無意，你是有心，'串'字再加一個'心'字就是'患'字，難怪你會患病。"

宋高宗趙構微服出巡，在街上偶遇謝石，當時他被一群人所圍住。其實謝石的名聲早已傳入宮中，說他簡直是神仙下凡，無所不知。果真有如此高人？宋高宗有些不太相信，決心試探一番，就在地上寫了一個"一"字。謝石看了一眼，大吃一驚，冷汗直冒，讓他再寫一字。宋高宗打算寫一個"問"字，可剛寫到一半，謝石就"撲通"一聲，下跪磕頭："皇帝在上，請受草民一拜！"宋高宗也很驚訝：自己明明穿了普通百姓的衣服，又混雜在人群之中，他是如何得知呢？謝石解釋說："'一'字在'土'上，便是一個'王'字，其實我早就知道您的身份了，只是想再確認一下，於是再讓您寫一個字。您寫的這個'問'字剛寫到一半的時候，就是一個'君'字，我就肯定您就是當今皇帝。"

宋高宗將謝石召到皇宮，想再測一字，命人拿來筆墨紙硯，寫下一個"春"字，問其何解？謝石說道："秦字頭太重，強壓日無光。"

當時朝中秦檜專權，秦檜一党得知此事後，強令宋高宗隨意安插一個罪名給謝石，將其流放邊疆。

在押解的途中，謝石與一皮姓人同行。途中碰到一位測字的術士，謝石心想，難道此人亦精通術數？不妨讓他測測自己的運程，看看他說得真假與否。說罷，便寫了一個"石"字。

術士說："'石'遇'卒'則'碎'。不知你身邊這位大哥姓什麼？""皮。"

"'石'遇'皮'則'破'。"

謝石心想：完了，這是劫數，我是在劫難逃了。又問："敢問您是什麼人？"

術士哈哈大笑，說道："你看我，'人'在'山'旁。"說罷，顧自離去。

十一、"田"字謎三則

明代著名書畫家沈周,在詩文書畫方面卓有成就,是文人畫"吳派"的開創者,並與當時的文徵明、唐寅、仇英齊名,合稱"明四家"。不僅如此,沈周也是一位謎家,愛好制謎。

> 昔日其為富字足,今日其為累字頭。
> 拖下腳時成甲首,伸出頭來不自由。
> 其安心上長相思,其在心中慮不休。
> 當初只望後來福,誰料其多疊疊愁。

謎底是個"田"字。

文徵明看過之後,作詩一首:

> 四個太陽連環繞,
> 四張嘴巴緊相連。
> 四個大王圍著坐,
> 一家四口大團圓。

謎底亦是個"田"字。

仇英看過兩位所作的詩後,也作詩一首:

沈周

四座大山山對山，
四條大川川對川。
四個日字連環扣，
四個口字緊相連。

謎底仍是一個"田"字。

唐寅說道："三位所作的均是'田'字謎，但還屬第一首最好。"

十二、四大才子與謎

江南四大才子又稱"吳門四才子",即唐伯虎、祝枝山、文徵明、徐禎卿,他們個個才華橫溢,性情灑脫。

唐寅(1470年—1524年),字伯虎,一字子畏,明代書法家、詩人,雖玩世不恭,但也是滿腹才學,乃是一大才子。

有一年,山西遭逢大旱,土地缺水乾裂,極為貧瘠,無法播種,百姓顆粒無收,流離失所。太原有一戶賣醋的,舉家遷移到杭州城,也在城中開了一間醋店,可是生意一直不如意,要知道他們的醋在太原可是非常有名的,還有一個老字號,叫"老陳醋"。然而初到杭州,名號不響,店老闆天天為此事發愁。

唐寅

一天,唐伯虎經過這家醋店,老遠便聞到醋味,而且味道甚好,於是揮筆寫下一首詩:

添人添口又添丁,
竹隱作詩言無聲。
生兒生女全不差,
二十一日酉時生。

還在詩的落款處注明,這是一個謎,每一句都是一個字謎,合起來是一個市招語。

店老闆將謎掛在門口，立刻引得眾人圍觀，可沒有一個人能猜出謎底。這首謎詩便一傳十十傳百，醋店也跟著名聲大噪。幾日過後，終於有人猜出謎底了。"添人添口又添丁"，意思為既有"人"字、"口"字，又有"丁"字，合起來是一個"何"字；"竹隱作詩言無聲"，將"詩"字去掉左邊的"言"字偏旁，留下"寺"字，與"竹"字合併成"等"字；"生兒生女都不差"是一個"好"字；"二十一日酉時生"合一個"醋"字；謎底是"何等好醋"四個字。既然是何等好醋，不如大家都嘗嘗。於是，"老陳醋"的招牌就在杭州城打響了。

唐伯虎還喜好在街上出謎供行人們猜射。一日，唐伯虎又在杭州西湖畔設謎，這次他沒有直接給出謎面，而是掛了一幅畫，上面畫著一隻狗，渾身用墨水塗黑。唐伯虎解釋道："這是一則謎，就以此畫為謎面，猜一字。這幅畫開價三百兩，眾人可買；倘若猜中此謎者，分文不取，可直接拿走此畫。"

唐伯虎的畫可謂是當世墨寶，眾人皆想得到，但三百兩實在太貴，又猜不出謎底，只能眼睜睜地看著。忽然，從人群之中走出一個人，看其衣著，像是一個秀才。那位秀才徑直走到畫前，拿起畫便想走。眾人疑惑不解，看他也沒有錢來買畫，難道就想在眾目睽睽之下將畫拿走？有人問道："你就這麼走了？"那位秀才一句話也沒有回，自顧離開，看得眾人目瞪口呆。唐伯虎卻拍起手掌來："這位兄台射中了！"

原來，畫上的那隻黑色的狗即黑犬，合併在一起便是一個"默"字，取其沉默之意，唐伯虎是想讓前來取畫之人不必理會他人的言語。

四大才子之中，祝枝山也非常喜愛猜謎。一年春季，祝枝山在家擺酒設宴，誠邀各位才士。其府上有一個小花園，裡面種滿了各種品種的牡丹，適逢新春，相互爭艷，色彩斑斕。祝枝山請賓客們評選出哪一種顏色的牡丹最為美麗。大家皆知唐伯虎不僅文采出眾，還是一個賞花行家，想請他發表一下意見。

唐伯虎起身答道："依我之見，百無一是。"

眾人極為驚訝，唐伯虎竟然說出這樣的話，真是大煞風景，太不給主人面子了。豈料，祝枝山卻大笑起來："伯虎說得對，說得對！確實是自無一是！"

眾人不知二人所說其實是同一個意思，"百無一是"與"自無一是"二者均是一個字謎，是同一個意思，是將"百"字與"自"字同去一個"一"字，留下"白"字。二人的答案如出一轍，"白是"，白色的牡丹才是花中之魁。

一天，祝枝山來到唐伯虎府上，嚷嚷著要猜謎，唐伯虎見狀有意要刁難一下他，於是說："我準備了一道謎，你若能猜出來，我便出來相迎，否則就請自便吧！"唐伯虎給出謎面：

　　說話已到十二月，
　　二人土上東西分。
　　三人牽牛少一角，
　　草木之中有一人。

祝枝山聽罷，對唐伯虎念的每一個字細細地想了一下。第一句，"說話"，即一個"言"字，"十二月"，是一個"青"字，合在一起是一個"請（繁體字為'請'）"字；第二句的意思是，兩個"人"字在"土"字的左右兩側，即一個"坐"字；第三句，"牛"字少一角之意便是去掉左上方的一撇，再加上"三"字和"人"字，即一個"奉"字；第四句，人在草木之中是一個"茶"字。四句的謎底合在一起就是"請坐奉茶"四字。

祝枝山便喊道："上茶來！"唐伯虎見祝枝山已猜得謎底，便現身相迎，並命人端來上好的茶。祝枝山細細品茗之時，想到一謎，遂讓唐伯虎猜猜：

　　雖是草木中人，
　　樂為百姓獻身。
　　不惜赴湯蹈火，
　　要振吾民精神。

唐伯虎隨即便猜出了謎底，但是不明說，只是用一首詩作答：

　　深山塢裡一蓬青，
　　玉龍十爪摘我心。
　　帶到潼關火燒死，
　　投進湯泉又還魂。

祝枝山實在猜不出謎底來，終請教唐伯虎。唐伯虎笑道："我出的謎與你出的謎謎底相同，都是一個'茶'字。"祝枝山這才如夢初醒。

時間飛逝，品茗已結束，祝枝山準備打道回府，此時，他心中又生一謎：

> 夕上又加夕，
> 言身寸旁立。
> 王字出點頭，
> 大字去了一。

唐伯虎思索了一下，"夕"字上面加一個"夕"字，乃是一個"多"字；"言""身""寸"三字合併，乃是一個"謝"字；"王"字出頭，是一個"主"字；"大"字去一，是一個"人"字。祝枝山之意是"多謝主人"。唐伯虎回道："不必多謝！"

有一年的元宵燈會，四大才子一起在大街上走著，看到一則字謎：

> 開如輪，斂如槊，剪紙調膠護新竹。
> 日下荷葉影亭亭，雨中芭蕉聲籟籟。
> 晴天則陰陰卻晴，晴陰之間誠分明。
> 安得權柄在吾手，去覆東西南北人。

這首詩乃是元代詩人薩都剌所作，此人有虎臥龍跳之才，人稱雁門才子。四人一見此謎便知謎底，刻意不說，而是每人用一首詩來回應。文徵明作了一首：

> 頭有雞蛋大，
> 腰有磨盤粗。
> 伸出一隻腳，
> 露出肋巴骨。

唐伯虎應和著：

> 我有一朵花，
> 能合又能發。

不見花有葉，

花根手中紮。

祝枝山也作了一首：

遠看像座亭，

柱子立當中。

上邊直流水，

下邊有人行。

見此，徐禎卿也應和著：

一家人五個，

一大四個小。

大人頂上站，

小人架上找。

實則這五首詩均是一個謎，其謎底都是同一個字，是個"傘"字。

十三、李時珍解謎

李時珍是明代著名的醫藥學家，他編著的《本草綱目》集古代中醫藥之大成，有巨大影響力。

一日，李時珍與他的徒弟龐顯上山采藥。采藥歸來，路經一個三岔口，二人皆不知該往何處去。此時一個老漢從前面走來，龐顯便上前請教。老漢得知是李時珍大夫，喜出望外。老漢好不容易見到李時珍一面，心中一直有一首詩不得理解，便向李時珍請教。詩曰：

李時珍

老漢首如霜，龜峰眺武昌。
萬物入夢時，酸甜苦辣香。
重陽花滿枝，湘子譜樂章。
昭君出塞去，低頭思故鄉。

李時珍一聽，這是一則詩謎，其中隱含了八味中藥。"首如霜"即"白頭"；龜峰位於麻城市，在武昌之北，而武昌又處於長江以南，有江南之意，龜峰山上眺望武昌扣出"望江南"；"萬物入夢"即"全歇"，"蠍"是"歇"的白字，因此作"全蠍"；"酸甜苦辣香"即五味，扣"五味子"；九月重陽，百花凋謝，菊花獨傲，扣"野菊"；"湘子"即韓愈的侄孫子韓湘子，喜好專研道術，傳說他能讓花頃刻之間開放，似乎有仙術，他所作的曲子自然是"神曲"了；昭君出塞，皇帝知其美貌已晚，扣"王不留行"；"故鄉"即"熟地"。

老漢聽罷不時點點頭，在地上寫了一個"主"字，便離開了。龐顯不知老漢之意：師父解了他的詩謎，他還反過來戲弄我們。他心中暗罵老漢恩將仇報。李時珍道："向右走！"龐顯仍不解其意。李時珍解釋道："老漢留下了一個'主'字，正是'往'字的右邊，言外之意是'往右走'。"龐顯這才恍然大悟。

李時珍曾在四川的蓬溪縣任縣令，但是官場之中人心險惡，他有些意興闌珊，決心辭官回鄉。

新上任的知縣求李時珍為他寫一副強身健體的藥方。李時珍得知他是一個貪官，深惡痛絕，於是奮筆疾書，寫了一副藥方。

次日，師爺去藥店抓藥，掌櫃的看了一眼藥方，大吃一驚。

柏子仁三錢，木瓜二錢，官桂三錢，柴胡三錢，益母二錢，附子三錢，八角二錢，人參一錢，台烏三錢，上党三錢，山藥二錢。

原來李時珍開的這副藥方是一個藏頭字謎。所謂的"藏頭"即"露頭"，即把第一個字連在一起，"柏木官（棺）柴（材）益（一）附（副），八人台（抬）上山"。

十四、皇帝是個"老頭子"

紀曉嵐（1724年—1805年），原名紀昀，是清代著名的文學家，乾隆皇帝時期，曾任《四庫全書》總纂修官，奉皇命編撰整理《四庫全書》。一旦正值盛夏時分，天氣炎熱難耐，於是紀曉嵐便脫去官袍，光著膀子，將頭髮盤於頭頂之上，坐於案桌前修改校對文稿。忽然，門口有個侍衛高喊道："皇上駕到！"袒胸露背的紀曉嵐聽到皇帝來了，頓時慌了神，皇帝快到門口了，現在穿衣服恐怕已經來不及了，但如此面聖又是個不雅之罪，這可如何是好呢？情急之下，靈機一動，掀起桌布，鑽入桌底，再將桌布掩好，想等皇帝走了再出來。

恰巧，紀曉嵐的這一舉動被剛進來的乾隆皇帝看在眼裡。乾隆徑直走到案桌旁，坐下，並示意眾人不要發出聲音。

案桌之下地方狹小，且悶熱異常，良久過後，紀曉嵐實在難以忍受了，又想，現在外邊靜悄悄的，皇帝肯定是離開了。於是探出頭來，問旁邊的一個侍從："老頭子走了嗎？"

原本想等紀曉嵐出來嚇他一下，可聽到這話，乾隆頓時眉頭緊鎖，甚是惱怒，大聲說道："紀曉嵐，你好大的膽子，竟敢如此說朕，今日你不說出個所以然來，朕就定你個大不敬之罪，立刻發配邊疆。"

乾隆帝

紀曉嵐慢慢從案桌之下鑽出來，顯然是被剛才皇帝這一席話嚇到了，但還保持著清醒機敏的頭腦，於是緩緩道："大家稱呼您為萬歲，您想想，您都一萬歲了，難道還不老嗎？您是一國之君，舉國之首，難道不是'頭'嗎？您乃是真龍天子，是天之子，不應該是'子'嗎？所以稱您為'老頭子'，是表達臣等無比敬仰之情。"

　　聽了這番話，乾隆頓時眉開眼笑了，笑道："好你個紀曉嵐，果真是能言善辯！朕有言在先，既然如此，朕就不再追究了。"

　　與此相比之下，明洪武時期的那群老百姓就沒那麼好命了。朱元璋作為明王朝開國皇帝，可謂是一代明君，他常常微服私訪，走街串巷，體察民情。相傳一日，朱元璋又出宮私訪，走到一個胡同裡，被那裡的百姓認出來，人們前呼後擁地圍著皇帝。忽然，人群中傳來一個刺耳的聲音："原來皇帝是個老頭子呀！"朱元璋立刻變了臉色，心想著：我堂堂大明皇帝，怎可讓人隨意叫作老頭子呢？這豈不丟盡皇家臉面，同時也丟盡我大明臉面？

　　回宮之後，朱元璋甚是不悅，原本想將說自己是老頭子那人抓起來，可當時人數眾多，根本無法辨認是哪一個人。於是，朱元璋就下密旨給侍衛，命他們"空其巷"，意思就是殺光巷子裡所有的人。

第五編　妙趣橫生的花色燈謎

　　花色燈謎有別於一般的燈謎，是在傳統燈謎上"動了手腳"，加入了一些特定的規則，使燈謎更富有趣味性和娛樂性。將燈謎融入具體的實物當中，或是入畫、入棋、入意境，都別有一番風味。當然，想要猜射出花色燈謎的謎底，則一定要瞭解各種花色燈謎的猜射規則。

一、實物謎

　　實物謎是以具體事物作為謎面的花色燈謎，也是花色燈謎之中最為常見的一類。它以事物代替文字，但謎底可謂花樣百出，可以是一個字、一個詞、一句俗語、一首唐詩。

　　桌面上放一繡花枕頭（打成語二）。

　　常言道，繡花枕頭稻草芯。一般以金玉其外而敗絮其中來形容繡花枕頭，不難看出，其中一個成語就是"華而不實"，這個成語是將重點放於"繡花"二字上。若將重點放於"枕頭"二字上，則還有另一種解法。枕頭是人們在睡眠之時用來墊高頭部的用品，有一成語"置之腦後"，望文生義以後便可以形容。"置之腦後"原意是拋在一邊不去理會，這裡可理解為放在腦袋後面。

　　桌上放置著一台電風扇（打日常用品一）。

　　根據電風扇的性能可以看出，電風扇是通過電力發動的，它的作用是產生風力。而日常用品之中恰好有一件可與之相對應——電吹風（吹風機）。

　　桌面上放著一個盛著水的杯子，水面上浮著一朵花（打日常用品一）。

　　水面上漂浮著鮮花，是花露出水面，謎底即"花露水"。

　　後來，在實物謎的基礎上漸漸分離出一種新的花色燈謎，名為啞謎。它與實物謎一樣，也是由具體事物作為謎面，但是猜射者在猜謎的時候不能口答，只能用動作來作答。

桌上放著一個面具，面具旁放著一串銅錢（打俗語一）。

猜射者可上臺將那串銅錢拿走，便是猜出謎底，意為"要錢不要臉"。

桌上放著兩個杯子，一杯盛著半杯牛奶，另一杯盛著半杯水（打成語二）。

猜射者可先將半杯牛奶倒入盛著水的杯子裡，再全部喝下，意為，先是"水乳交融"，後是"一乾二淨"。

桌上放著兩堆棗子，一堆是三顆紅棗，另一堆是四顆黑棗（打名著二）。

猜射者可將紅棗與黑棗混合成一堆，意為《紅與黑》和《四三集》。

二、畫謎

　　畫謎是以圖畫作為謎面的花色燈謎。畫謎中的畫屬於實物，因此從廣義上來說，畫謎亦是實物謎的一種，但是畫謎注重繪畫作品的含義，而並非畫本身，所以才從實物謎中獨立出來。要猜射畫謎，首先要解讀畫的內容、結構和含義，領會作者的繪畫意圖和思想情感，方能準確猜出謎底。

　　畫中有一把鎖，鎖眼是"¥"形狀（打成語一）。

　　畫中的鎖眼與尋常的鎖眼不同，是"¥"的形狀，它是人民幣的符號。這幅畫的言外之意是，想要打開這把鎖，就必須認清這個錢字鎖眼。因此，謎底為"見錢眼開"。

　　畫中有一醫生正為一個闌尾炎的患者檢查身體，醫生說："切除闌尾，打算留根嗎？"（打成語二）。

　　作為醫生，理應知道切除闌尾不應留根，這位醫生說的話簡直就是"明知故問"。醫生的言外之意是希望患者能給一個大紅包，否則留下半截就要再次動手術了。這是不法醫生訛詐患者的行為，說明這位醫生在說這話時是"另有所圖"。因此，謎底為"明知故問"和"另有所圖"。

　　畫中有兩個人一起提著一個包，邊走邊聊（打成語一）。

　　兩個人拎著一個包，有相互幫助之意，並且一邊談論，因此謎底為"相提並論"。

　　畫謎大類中還有一個小分支，名為瓷盤畫謎。與一般畫謎不同的是，它的畫是畫在瓷盤之上，因此，每一則瓷盤畫謎的謎底中都要包含有

"皿""盤""盆"等附加詞,至於猜射技巧大多與畫謎相同,還是要從畫中出發。

瓷盤之中畫有一朵鮮花(打物品一)。

鮮花自然是香味撲鼻,取其"香"字,因此謎底為"盤香"。

瓷盤之中畫著一幅山水畫(打觀賞物品一)。

謎面的言外之意是山水美景盡在盤中,但是這個"盤"字有些不太恰當,可改為"盆"字。因此,謎底為"山水盆景"。

三、數學謎

數學謎是新發展出來的花色燈謎。它是根據數學的原理或數學的知識研製成的，謎面可以是文字，可以是數學符號。猜射這類燈謎，不要拘泥於謎面本身，一定要發揮想像，別解謎面。

貴賤無常價（打數學名詞二）。

謎面出自白居易的《買花》，其中一句為"貴賤無常價，酬值看花數"。花的價格需要看花的品質和數量，才能正確定價。有兩個數學名詞——"質數"和"定值"可與謎意相扣。

古台搖落後（打數學名詞一）。

謎面出自唐代詩人劉長卿的《秋日登吳公臺上寺遠眺》："古台搖落後，秋日望鄉心。野寺來人少，雲峰隔水深。"古台即吳公台。這裡通過字形解析謎面，"搖落後"有捨棄後半部分之一，"古台搖落後"即"古台"二字去掉下半邊，留下一個"十"字和一個三角形。"十"在數學中類似於加號，也可讀為正號，與三角形合併，便是"正三角形"。

十、百、千（打成語一）。

十、百、千是採用十進位的計數方法，但謎面的一組計數單位中卻少了"萬"與"一"，因此，謎底為"萬無一失"。

699（打字一）。

六百九十九正是七百缺一，從字形上解析，將"七"字和"百"字合併，再減去一個"一"字，謎底是一個"皁"字。

$$1000^2=100 \times 100 \times 100$$（打成語一）。

謎面是一個數學等式，前面是一千的平方，後面是三個一百相乘，結果都一樣，歸結之意是千的平方用百來計算，謎底即為"千方百計"。

四、缺字謎

　　缺字謎是指刻意省略謎面的某個字或多個字而成謎的花色燈謎，又稱漏字謎。缺字謎的謎面必須是人們耳熟能詳的詞語、成語、諺語、俗語、詩詞歌賦等等，否則這道缺字謎便失去了意義。缺字謎重在漏缺的字，猜射者先要猜出漏缺的字方能猜出謎底。猜射此類燈謎，需在謎底之中加入含有"漏缺"字義的字詞，例如：無、不、少、失、缺、飛、走、跑、絕、失蹤、省略、不見等等。

　　　　□了夫人又折兵（打交際用語一）。

　　不難看出謎面之中缺少了一個"賠"字，"賠"與"陪"同音，因此，謎底為"失陪"。

　　　　殺□取□（打成語一）。

　　謎面是成語"殺雞取卵"，其中缺少"雞"字和"卵"字，雞的卵也就是蛋，因此，謎底為"雞飛蛋打"。

　　　　八月秋風高怒□（打語文名詞一）。

　　謎面出自杜甫的《茅屋為秋風所破歌》，最後一個字是"號"字，別解為省略了"號"字，謎底即為"省略號"。

　　　　苦菜□、苦□（打植物名一）。

　　謎面是兩部知名影片《苦菜花》和《苦果》，謎面缺少"花"字和"果"字，謎底也就是"無花果"。

五、書法謎

書法謎與畫謎本質相同，只是它的謎面是書法作品。雖然與所有燈謎一樣，均是寫於紙上，但書法謎卻明顯區別於一般燈謎，它所用的紙以及字的筆法都有一定的要求。猜射此類燈謎時需注意書法作品的內容，當然也要注意作者筆法，以便選擇合適的附加詞，例如：正、草、楷、行、隸、篆、橫、豎等等。

魯迅（打曲藝形式一）。

"魯"是山東的簡稱，"迅"，迅速，即"快"，再加上是書法作品，附加一個"書"字，即可得到謎底"山東快書"。

貌似天仙（打五律詩句一）。

謎面之意是形容人物極美，有如天仙，可別解為"如有神"，再加上附加詞"下筆"，謎底便是"下筆如有神"，出自杜甫的《奉贈韋左丞丈二十二韻》。

行書：白浪滔天（打成語一）。

謎面之意為風大浪高，直入雲端，有"雲流水"之意境，又因為這幅字是用行書所寫，扣附加詞"行"，因此，謎底為"行雲流水"。

六、印章謎

　　印章謎是以印章印在紙上的印文作為謎面的花色燈謎，又稱篆文謎、印文謎、金石謎等。它巧妙地結合了燈謎的巧借、離合、會意、象形、別解等手法。猜射此類燈謎時需注意印文，包括印文的內容、文字的順序和字體，再結合印章的特徵，是陰章還是陽章，以便選擇正確的附加詞，例如：印、章、陰、陽、篆、刻、朱、赤、黑、白、金石等等。

　　　　印文：墨爾本（打古文句一）。

　　墨爾本是澳大利亞的一個重要城市，但在猜射燈謎的時候需要將謎面別解，"墨"，即"黑"；"爾"，作為虛詞，可省略；"本"，取其根本之意，可別解為本質，扣"質"。因此，根據印文可得到"黑""質"二字。陰章與陽章最大的區別是陰章上的文字圖案是凹陷的，因此印在紙上的字是白色，邊緣是印泥的顏色；而陽章上的文字圖案是凸出的，因此印在紙上的字顯示的是印泥的顏色。此章為陰章，印文呈白色，扣"白"字，加上附加詞"章"，可意為"白章"。所以，謎底為"黑質而白章"，出自柳宗元的《捕蛇者說》。

　　　　印文：不經一事（打成語一）。

　　常言道，不經一事，不長一智。出自宋代釋惟白的《續傳燈錄》："僧云：'不因一事，不長一智。'"即

印文：墨爾本

無所作為之意，扣"無為"二字，再加上附加詞"治"，謎底為"無為而治"。

印文：異口同聲（打人名一）。

謎面之意為共同說出同樣的話，扣"齊白"二字（"齊"，一齊；"白"，陳述），再加上附加詞"石"，謎底為"齊白石"。

印文：百年孤獨（打成語一）。

一百年為一世紀，以"百年"扣"世紀"，取其"世"字；"孤"是帝王的自稱，"獨"是獨一無二，以"孤獨"扣"無雙"；再加上附加詞"蓋"，謎底為"蓋世無雙"。

七、動作謎

動作謎是以動作為謎面的花色燈謎。它與啞謎一樣，都需借助實物，但是啞謎的動作表現在謎底，而動作謎的動作表現在謎面。猜射此類燈謎時需注意所有的實物和制謎者的動作。

三人並排站於臺上，用圈子套在中間這個人的脖子上（打外國名著一）。

謎面的動作可理解為套中中間的那個人，因此，謎底為《套中人》。

一人抱著琵琶，一邊彈奏一邊離開房間（打成語一）。

彈奏琵琶勢必要挑撥琴弦，取其"挑撥"二字；離開房間扣"離間"二字。因此，謎底為"挑撥離間"。

桌上擺放著一個蘋果、一隻橘子和一把水果刀，一人先剝去橘子皮，再用水果刀削去蘋果皮（打二字常用詞一）。

剝橘子扣"剝"字；削蘋果扣"削"字。因此，謎底為"剝削"。

在謎會門口，一人將點著的香煙熄滅（打歷史事件一）。

自古"猜燈謎"有"射虎"之稱，"謎"即"虎"，謎會門口扣"虎門"；熄滅香煙扣"銷煙"。因此，謎底為"虎門銷煙"。

八、加注謎

　　加注謎是在謎面和謎目的基礎上增加一些注釋，加注能使謎面或謎底增加或減少某些字詞，以便猜射者正確猜出謎底。例如，謎面加注"此謎勿見笑"，千萬不要理解為這是作者的謙虛之辭，作者是想告知猜射者謎面中的"笑"字是作為閑字，可省略不解。

　　　　　紀念魯迅（此謎請勿念·打成語一）。

　　魯迅，原名周樹人，扣"樹人"二字；百年為一紀，"紀"扣"百年"二字；謎面加注"勿念"，意思是謎面中"念"字為閑字，解謎時可除去。因此，謎底為"百年樹人"。

　　　　　畫（此謎見笑·打唐代詩人一）。

　　"畫"即"白天"；謎面加注"見笑"，"笑"即"樂"。因此，謎底為"白樂天"，即白居易（字樂天）。

魯迅

　　　　　褐（此謎出醜·打《儒林外史》人一）。

　　"褐"，多見於古文，釋義為粗布衣服，扣"布衣"二字；再者，謎面加注"出醜"，"醜"字在生肖當中指代"牛"。因此，謎底為"牛布衣"。

說笑（此謎不得見人·打古人名一）。

　　"說"字扣"白"字；"笑"字扣"樂"字；謎面加注"不得見人"，意為謎面之中缺少了一個"人"字，在猜射過程中需加"人"字補上。因此，謎底為"伯樂"。

九、連環謎

連環謎是由一個謎面引發多個謎底的花色燈謎，第一個謎底作為下一個謎底的謎面，依次輪流下去。猜射此類燈謎，首先需猜中第一個謎底，否則只會一錯再錯。

音效卡（1. 打體育名詞一；2. 打成語一；3. 打俗語一）。

"聲"扣"叫"；"卡"扣"停"。因此，第一個謎底為"叫停"。"叫"扣"言"；"停"扣"止"。因此第二個謎底為"欲言又止"。第三個謎底可通過會意猜得，為"吐不出"，俗語為"茶壺裡煮餃子，倒不出"。

寄書長不達（1. 打唐代詩人一；2. 打成語一；3. 打成語一）。

"書"扣"簡"；因為經常不達，有"白做"之意，扣"白行"。因此，第一個謎底為"白行簡"。"白"扣"言"；"簡"扣"信"，有"言"又有"信"，即"言而有信"。"言而有信"四字可別解為"言"字因何成為"信"字，是因為增加了一個"人"字。而"人"字恰好是"天"字被巧妙地奪取了"工"字。因此，第三個謎底為"巧奪天工"。

個人簡歷（1. 打足球術語一；2. 打古文句一；3. 打常用語一）。

"個人簡歷"可會意為簡短的自傳，因此，第一個謎底為"短傳"。"短"字取其缺點之意，理解為不足之處；"傳"，傳播，"道"也。因此，第二個謎底為"不足為外人道也"，出自陶淵明的《桃花源記》。既然不能對外人說起，可以會意為"內行"。

十、置換謎

置換謎的謎面極容易辨認，它由兩個字組成，前後兩個字的字形相似，筆劃相等。猜射此類燈謎時需注意兩個字的不同部分，並且選擇適當的附加詞，例如：進、退、來、往、有、無、增、減等等。

杭——航（打成語一）

"杭"字左側的"木"字變成了"舟"字，由此可得謎底為"木已成舟"。

似——偽（打成語一）

"似"字右側的"以"字變成了"為"字，由此可得謎底為"以進為退"。

志——吉（打成語一）

"志"字下面的"心"字變成了"口"字，由此可得謎底為"有口無心"。

道——邈（打成語一）

"道"字上面的"首"字變成了"貌"字，首，頭也，貌，面也，由此可得謎底為"改頭換面"。

十一、即景謎

即景謎是以當即的時間、地點、景物為基礎，即興創作的燈謎。猜射此類燈謎時不應離開創作的時間、地點和景物。

來這兒幹什麼（捲簾格·打《水滸傳》人物諢號、姓名各一）。

此謎作於山東舉辦的謎會之上。"來這兒幹什麼"，言外之意為來此猜燈謎。山東簡稱魯，燈謎又稱文虎，猜燈謎即射虎、打虎，因此可以扣出"達魯將虎打"。捲簾格格法是謎底需三字以上，可以倒過來讀。"達魯""將虎打"全部倒序，即可得到謎底"打虎將、魯達"。

我市連年秩序好（打成語一）。

此謎作於山西長治的謎會之上。因此，"我市"即"長治市"，而"連年秩序好"扣"久安"，謎底即為"長治久安"。

眾人皆醉唯我獨醒（打作家姓名一）。

謎面出自《楚辭·漁父》，認為天下所有人都已沉醉，只有詩人自己是清醒的。正解之下看似與謎目沒有絲毫關係，其實不然，制謎之人在謎條上落了款（朱 XX）。因此，謎面中的"我"可別解為制謎之人，因此謎底為"朱自清"。

中華文化叢書：燈謎

第六編　猜謎技巧一覽悉

　　古代稱燈謎為"文虎"，意為文字中的難者，猜燈謎可是"射虎"，可見，想要正確猜射出謎底，存在著一定的難度。然而燈謎也不是難到"只可遠觀"的地步，如果掌握了"打虎"技巧，那麼就可輕而易舉地猜出謎底。

一、字形解謎

1. 合併法

即將謎面上的關鍵部位合併在一起，即可得到謎底，這個關鍵部位可以是筆劃、部首，也可以是半個字或者整個字。

風吹草低見牛羊（打字一）。

"牛羊"即"善"，再取"艹"，合併之後便是一個"蓄"字。

喜上眉梢（打字一）。

根據謎面的意思，取"喜"字的上部分和"眉"字的上部分，合併之後便是一個"聲"字。

2. 分解法

即將謎面中的關鍵字拆分開來，便可得到謎底。

黯（打成語一）。

將"黯"字拆分為"黑"與"音"二字，"音"即"聲"，"黑"即"色"。因此，謎底為"有聲有色"。

昌（打成語一）。

將"昌"字拆分為"日"與"日"二字，"日"扣"語"。因此，謎底為"同日而語"。

3. 增減法

即在謎面增加或減少一個或多個關鍵部位，可以是筆劃、部首，也可以是半個字或者整個字。

勾（打成語一）。

需給謎面的字加入部首"氵"，便可得到一個"溝"字。"溝"即"渠"，而從"勾"字變為"溝"字需增加"水"。因此，謎底為"水到渠成"。

岡（打工業材料一）。

要解此燈謎，需在謎面中增加一個"金"字，將"金"字與"岡"字合併，即可得到謎底"合金鋼"，謎底又可別解為，想要得到"鋼"，需合併"金"，扣合謎意。

拆去一點（打儲蓄用品一）。

謎面之意為"拆"字去掉一點，得到"折"字，而謎面又有"留得"之意。因此，謎底為"存摺"。

4. 移動法

通過移動關鍵字的部首或筆劃，組成一個新的字。

主動一點（打字一）。

"主"字移動上方的點，便可得到"玉"字。

暈頭轉向（打字一）。

"暈"字上方的"日"字旋轉，便可得到"暉"字。

5. 顛倒法

即通過字形的上下顛倒形成新的字而成謎。

一直去，不回頭（打字一）。

"一直"可會意為"一豎"，即"丨"。謎面之意為某個字去掉"丨"之後，再顛倒過來便是一個"不"字。因此，謎底為"業"。

半（打成語一）。

可將"半"字視為由"末"字顛倒而成。因此，謎底為"本末倒置"。

6. 象形法

根據文字的結構特點，將文字會意為某種圖形。

占（打常用語一）。

"占"字增加"灬"便可得到"點"字，而"灬"可會意為"腳"字。因此，謎底為"落腳點"。

一鉤殘月帶三星（打字一）。

謎面之意為月牙邊上三顆星，有眾星拱月之形，因此，謎底為"心"。

7. 替代法

用更準確的詞語代替謎面的詞語，可以是事物、人名、地名、時間等等。

十五的月亮（打詞牌名一）。

"十五"即"望"，"月亮"可用"蟾宮"替代。因此，謎底為"望蟾宮"。

雲長盼望玄德來（打成語一）。

"雲長"即"關羽"，扣"關"字；"玄德"即"劉備"，扣"備"。因此，謎底為"關懷備至"。

山西有雨（打字一）。

"山西"即"晉"；"有雨"便是"無日"，即去掉一個"日"字，留下一個"亞"字。

初一是晴天（打地名一）。

"晴天"即有太陽，扣"陽"；"初一"扣"朔"。因此，謎底為"陽朔"，是廣西的一個縣名。

二、字義解謎

猜射字義類燈謎的方法有很多，但萬變不離其宗，歸根結底是一種方法——會意法。除字形類燈謎之外，猜射其他所有燈謎都需用到會意。如果所會意的事物超乎謎面涉獵之外的，那就是別解了。可以說，只要有會意存在，就有別解存在。燈謎之美在於對其別解所產生的包羅萬象之宏偉、妙趣橫生之詼諧，尤其是字義類燈謎，會意法顯得尤為重要。當然，會意法也可細分為以下幾種。

1. 正解

即只需正面理解謎面，不必做過多的思考。有時候只需理解謎面大意即可，有時候謎面看似淺顯易懂，實則是謎人巧設疑陣，中心在於謎底的別

積食（打日常口語一）。

積食是中醫上的一個病症，指乳制食物積存於中焦所致的腸胃疾病，可簡單理解為吃多了不消化。因此，謎底為"吃不消"。

榴紅似火，艾綠如煙（打《論語》句一）。

石榴之花紅豔似火焰，艾草之葉碧綠如青煙，制謎之人描繪的是一幅典型的鄉村景象。《論語·子張》中有"望之儼然"一句，眼望君子心生敬畏。"儼"字原是恭敬之意，這裡別解為"似乎""好像"之意；"然"通"燃"，

燃燒之意。"望之儼然"可理解為遠遠看去像是在燃燒，緊扣謎面的"紅火"與"青煙"。

2. 通假

有時候在表達一個詞義時不用這個字的本字，反而用另外一個與其字音相同的字來代替。可以是謎面中包含通假，亦可以是謎底之中包含通假。通假往往需要摒棄其本來之意，正確理解通假字在語境中的字義，方能正確猜射謎底。以通假字入謎，在適當增加燈謎猜射難度的同時也增添了不少猜射樂趣。

秋分（打成語一）。

在古文中，"秋"字常常通"愁"字，因此，謎面可理解為"愁分"。"愁"字有憂慮不歡之意，"分"字有離別分散之意，兩者合二為一，謎底便是"不歡而散"。

細數落花因坐久（打《聊齋志異》志目二）。

謎面出自北宋王安石的《北山》，其中一句為："細數落花因坐久，緩尋芳草得歸遲。"王安石因變法失敗，被皇帝投閒置散，閒置家中，與同樣遭到貶官的蘇軾相遇而作此詩。謎面這一句是詩人平日閒暇生活的記敘，因為全神貫注地數著飄落的花朵以至於坐久了也渾然不知。《聊齋志異》中有兩個志目——《小謝》《長亭》。"小謝"好理解，"小"即"細"，扣"細數落花"，但是"長亭"與"久坐"似乎不相扣合。這正是此謎的精妙之處，謎人在謎底中設了通假字，"亭"通"停"，因為"久坐"，所以"長停"。

王安石

3. 概括

將謎面直意概括總結。

此地無銀三百兩（打成語一）。

謎底為"不打自招"。

春節離家除夕回（打成語一）。

謎底為"滿載而歸"。

4. 用典

有些燈謎中引用典故或者某個歷史事件。在解此類燈謎時，不能只簡單地會意謎面表面之意，需清楚典故內容，再融入謎面之中，方可解謎。

伯牙鼓琴（打詩句一）。

謎面引用"高山流水"的典故，出自《列子·湯問》："伯牙善鼓琴，鐘子期善聽。伯牙鼓琴，志在高山。鐘子期曰：'善哉，峨峨兮若泰山！'志在流水，鐘子期曰：'善哉，洋洋兮若江河！'"鐘子期是伯牙的知音，兩人一個善鼓，一個善聽，志在高山、流水。西晉時期著名文學家左思的《招隱詩》

高山流水圖

（其一）中有"山水有清音"一句，可作為謎底，扣合"高山流水"之典故。如果不先解其隱含的典故，只看謎面，僅僅只是伯牙彈琴罷了，全然領略不出其中含有"高山流水"之意。

殺賈似道（打《詩經》句一）。

賈似道，字師憲，是宋理宗時期的權臣，他奸惡無道，獨攬朝政，驕奢淫逸，壓榨百姓。元軍攻打大宋時他又向元軍請

賈似道

降，通敵賣國，後罷官免職遭到流放，到了漳州木棉庵，被監送官鄭虎臣所殺。謎面的"殺賈似道"便是出自此典故。《詩經·魯頌·泮水》中的"矯矯虎臣"一句可作為謎底。"虎臣"原是指魯僖公，這裡別解為鄭虎臣；"矯矯"有英勇非凡之意，用來形容鄭虎臣之殺賈似道，做了別人夢寐以求卻不敢做的事。

5. 引文

引文與用典相近，制謎之人直接引用古人的詩詞歌賦中某一句作為謎面。猜射時，需理解引文在原文中的情感與用意，領會原文作者的思想感情，再通過會意別解方可解謎。

笑倚東窗白玉床（打《易經》句一）。

謎面出自李白的七言絕句《口號吳王美人半醉》："風動荷花水殿香，姑蘇臺上宴吳王。西施醉舞嬌無力，笑倚東窗白玉床。"西施未博得吳王寵倖，酒後歌舞，以至於嬌柔無力，倚靠在東窗旁邊的白玉床上。謎底是《易經》中的"施未行也"一句，這裡別解為西施沒有繼續醉舞了。倘若只看謎面，而不顧詩句出處，也就無法得知"西施醉舞嬌無力"一句，進而無法扣出"施"字。

王坐於堂上（打《千家詩》句一）。

謎面出自《孟子·梁惠王上》："臣聞之胡齕曰，王坐於堂上，有牽牛而過堂下者，王見之，曰：'牛何之？'對曰：'將以釁鐘。'王曰：'舍之！吾不忍其觳觫，若無罪而就死地。'"齊宣王看到堂下有人牽著一頭牛經過，不知道將要幹什麼，那人回答說是要將牛宰殺後祭鐘。《千家詩·七夕》中有"未會牽牛意若何"一句，"牽牛"原意為牽牛星，這裡會意為牽牛經過。"未會牽牛意若何"可會意為不知道牽著牛是要幹什麼，扣合謎面。倘若單看謎面，只知道君王坐於大堂之上而不知其所以然，是不能解出謎底的。

6. 因果

謎面與謎底構成因果關係，可以是面因底果，可以是底因面果。這樣的燈謎往往不拘泥於底與面的字與字關係，也不用理會是否露春、閑字，只要注意底面是否構成因果，銜接是否自然即可。

避人焚諫草（打《陳情表》詞一）。

謎面出自杜甫的《晚出左掖》，"避人焚諫草，騎馬欲雞棲。"據《晉書·羊祜傳》記載："祜歷職二朝，任典樞要，政事損益，皆諮訪焉。勢利之求，無所關與。其嘉謀讜議，皆焚其草，故世莫聞。"梁代沈約編撰的《宋書·謝弘微傳》中也有記載："每有獻替及論時事，必手書焚草，人莫之知。"後來用"焚諫草"三字來形容某些朝廷官員為官謹慎，生怕自己秘密所諫之言被人發覺而招來殺身之禍。西晉李密的《陳情表》中有"臣密言"三字，"密"原是指李密，可別解為秘密，取其機密之意，"臣密言"可理解為臣有秘密之言要啟奏。因為"臣密言"，所以要"避人焚諫草"。謎底是因，謎面是果，一因一果，緊密扣合。

知風之至（打《詩經》句一）。

謎面出自《淮南子·繆稱訓》："鵲巢知風之所起，獺穴知水之高下，暉目知晏，陰諧知雨，為是謂人智不如鳥獸，則不然。"成語"鵲巢知風"便是由此而來，意為喜鵲在巢中便知道有大風將至。《淮南子·人間訓》中記載：

"夫鵲先識歲之多風也，去高木而巢扶枝。"喜鵲知道一年之中的哪個時間多狂風暴雨，會將鳥巢遷移到低矮的樹枝上。

《詩經·陳風·防有鵲巢》有一句："防有鵲巢，邛有旨苕。""防"通"枋"，是指檀樹，檀樹冠大，且較為低矮，便於喜鵲築巢防風。這裡，可將"防"字直接別解為預防，因此，"防有鵲巢"可理解為為防大風，喜鵲必須遷巢重築，與謎面呈因果關係，扣合緊密。

7. 反扣

根據謎面反扣出謎面言外之意，得到副面，再根據副面猜射出謎底。

裹足不前成醜事（打三字新詞一）。

根據謎面可反扣出"行動即美麗"，因此，謎底為"行為美"。

讀新書，讀好書（打成語一）。

根據謎面可反扣出"不讀舊書，不讀惡書"，因此，謎底為"不念舊惡"。

8. 問答

謎面與謎底構成問答形式，根據謎面的提問，謎底做出回答，以此解謎。

臨邛沽酒，誰在當爐（打《四書》句一）。

謎面是引用"當爐沽酒"這一典故。《史記·司馬相如列傳》有記載："（相如）買一酒舍酤酒，而令文君當爐。"元代關漢卿所作的《玉鏡臺》四折中也有記載："想當日沽酒當爐，捵了個三不歸青春卓氏女。"這是司馬相如與卓文君的愛情故事，膾炙人口。卓文君是富家之女，名門望族，富可敵國，且貌美如天仙，為了愛情，與司馬相如私奔，在臨邛開了一間小酒店，以賣酒為生。《論語·子罕》中有一則："顏淵喟然歎曰：'仰之彌高，鑽之彌堅，瞻之在前，忽焉在後。夫子循循然善誘人，博我以文，約我以禮，欲罷不能。

既竭吾才,如有所立卓爾。雖欲從之,末由也已。"其中的"卓"字可別解為卓文君,那麼"如有所立卓爾"可理解為如果看到有一個人立在一側,那人定是卓文君。李白《江夏行》:"正見當壚女,紅妝二八年。"當壚便是賣家之意,也可作賣酒之人,謎面提問:"到臨邛買酒,是誰在賣酒?"謎底回答:"如有所立卓爾。"一問一答,相互扣合,巧妙至極。

下陳蕃之榻(打《書經》句一)。

謎面出自王勃的《滕王閣序》:"物華天寶,龍光射牛鬥之墟;人傑地靈,徐孺下陳蕃之榻。"陳蕃,字仲舉,是東漢末年為數不多的清廉之官,為人耿直不阿,任豫章郡太守時亦是如此。他從不接待來客,但在家中暗設一木榻,專門用來接待徐穉。徐穉即徐孺,字孺子,是東漢時期著名的高士,人稱"南州高士",他淡泊明志,與陳蕃惺惺相惜。《尚書·周書·洛誥》中有"孺子來相宅"一句,原意為周成王勘察洛邑。在謎中,"孺子"卻別解為徐孺子,"孺子來相宅"可理解為徐穉來到陳蕃府中。謎面類似提問:"下陳蕃之榻者何人?"謎底回答:"孺子。"

王勃

三、一謎多底與舊謎新猜

　　一謎多底，即在同一謎面和謎目的條件下，猜射者通過不同的別解得到不同的謎底，從而出現一則燈謎多個謎底的現象。一謎多底在燈謎中一般不允許出現，這是一類不規範的燈謎，但是也有例外。例如在古代，燈謎的製謎要求還沒有達到今日的嚴格標準，一些一謎多底的燈謎仍然流傳至今。抑或是謎人獨樹一幟，明知不可為而為之，為增添猜射樂趣與緩和猜謎的嚴格氣氛，刻意製出一謎多底的燈謎來。

　　1945年8月15日，日本無條件投降，中華民族取得了對抗外敵前所未有的勝利，謎界便流傳開了一道以此為題材的燈謎——日本投降（打人名一）。有人以"蘇武"為謎底，意為日本投降在很大程度上歸功於蘇聯的武力；也有人以"屈原"為謎底，意為日本屈服於原子彈；還有人以"共工"為謎底，共工是古代神話中的水神，"工"通"功"，意為抗戰勝利是國際共產主義聯盟的功勞。

　　卷我屋上三重茅（打成語一）。

　　謎面出自杜甫的《茅屋為秋風所破歌》："八月秋高風怒號，卷我屋上三重茅。"以正解的方法，謎面之意為秋風吹走了茅草，謎底即為"風吹草動"。還可進一步聯想，屋頂上的茅草被秋風吹走之後，秋風便會直入雙耳，因此，謎底亦可為"秋風過耳"。

　　與一謎多底相對應的是多謎一底，即多個謎面和謎目同時對應一個謎底。這是一種正常的現象，中華文化博大精深，燈謎的花樣更是層出不窮，只要底面扣合，不會產生歧義即可。

傳說有一次蘇軾去看望蘇小妹，見秦少遊寫了一句詩：任你橫衝直撞，我要四面包圍。蘇軾一眼便看出這是一個字謎，於是也寫下了一首詩：四個山字山靠山，四個川字川靠川，四個口字口對口，四個十字顛倒顛。這一舉動被蘇小妹看在眼裡，她開口道："四面有山不顯，二日碰頭相連，居家一十四口，兩五橫行中原。"三人所說的竟然是同一個字，"田"。

舊謎新猜中的"舊謎"不是指很久以前的燈謎，而是指民間謎語。舊謎新猜即取民間謎語為謎面，更改謎目，以舊換新，以俗換雅，而形成的新的燈謎。在燈謎之雅、綜合謎語之俗的同時也增加不少別解之樂趣。

千條線，萬條線，掉到河中就不見（打地名一）。

此謎的謎底為"雨"，意為雨如千萬條線；在燈謎中，"雨"的本意不變，但加入會意，千萬條線是從天而降的，即天上降的雨水，扣"天水"。

棋盤大大，棋子多多，能看不能摸（打機構名詞一）。

在民間謎語中，此謎的謎底為"星空"，意為天空如棋盤，星星如棋子；在燈謎中可會意為"高高天空似棋局"，扣出謎底"最高當局"。

四、謎格解謎

1. 皓首格

出自兩漢時期《別詩三首》中"皓首以為期"一句。皓首，即年老發花白，因此謎底的首字是一個白字（錯讀字），又稱"白首格"，倘若謎底前兩個字都是白字，即為雙皓首。屬於諧讀類謎格。

　　　廢品（皓首格·打《水滸傳》人名一）。

謎底為"吳用"。首字"吳"即"無"。

　　　十（皓首格·打成語一）。

謎底為"成千上萬"。首字"成"即"乘"。

　　　看彩霞萬里（皓首格·打三國人物一）。

謎底為"關雲長"。首字"關"即"觀"。

　　　書箋（皓首格·打人名一）。

謎底為"韓信"。首字"韓"即"含"。

2. 秋千格

出自宋張有《復古編》中"漢武帝祈秋千之壽，後庭多作秋千之戲"一句。秋千格，顧名思義，便是以秋千來比喻謎底。因此，謎底必須是兩個字，像蕩秋千一樣順著倒著皆可。屬於移字類謎格。

大（秋千格·打中醫穴位名一）。

謎底為"下關"。"下關"倒序為"關下"，即"關"字下方，扣合謎面。

鼠洞（秋千格·打古人名一）。

謎底為"孔子"。"孔子"倒序為"子孔"，在中國古代曆法中，地支的"子"指代"鼠"，"子孔"即"鼠洞"。

秋後（秋千格·打中藥名一）。

謎底為"天冬"。"天冬"倒序為"冬天"，正是在秋日之後。

步步為營（秋千格·打場所一）。

謎底為"商行"。"商行"倒序為"行商"，會意為每行一步都需商量。

3. 梨花格

出自唐代詩人岑參《白雪歌送武判官歸京》中"忽如一夜春風來，千樹萬樹梨花開"一句。梨花，雪白，取其白讀諧音之意，因此，謎底為兩個字以上且全是白字。梨花格又稱"白灰格""玉壺格"，屬於諧讀類謎格。

揠苗助長（梨花格·打戰國人名一）。

謎底為"商鞅"，原意為"傷秧"。

佳人佯醉索人扶（梨花格·打古人名一）。

謎底為"賈島"，原意為"假倒"。

岑參

籠中鳥（梨花格·打國名一）。

謎底為"南非"，原意為"難飛"。

止足不前（梨花格·打外國地名一）。

謎底為"延布"，原意為"延步"。

4.捲簾格

出自唐代詩人王昌齡的《西宮春怨》一詩："西宮夜靜百花香，欲卷珠簾春恨長。"有珠簾倒卷之意，謎底需三字以上，可以倒過來讀。屬於移字類謎格。

長眠（捲簾格·打三字口語一）。

謎底為"了不起"，倒序為"起不了"。

棒打薄情郎（捲簾格·打志目一）。

謎底為"杜小雷"，倒序為"雷小杜"。小杜，即杜牧，他的《遣懷》裡有"贏得青樓薄幸名"一句。"雷"字有敲打的意思，"雷小杜"即捶打杜牧之意。

王昌齡

上下不同（捲簾格·打成語一）。

謎底為"別有天地"，倒序為"地天有別"。

天下為公（捲簾格·打四字短語一）。

謎底為"陽光少女"，倒序為"女少光陽"。"陽"即男子，扣"公"字。

5. 徐妃格

出自《南史·後妃傳》中的一則故事：梁元帝蕭繹之妻徐妃，因為梁元帝瞎了一隻眼，因此，每當梁元帝見她時，徐妃都化半面妝等候，梁元帝看到之後大怒而去。因此，又稱半妝格、徐娘格。此類謎底每個字都具有相同的偏旁，可都去掉偏旁剩下半個字。屬於拆字半讀類謎格。

素（徐妃格·打河南地名一）。

謎底為"桐柏"。素，即白色，引申意為"同白"，各字加上"木"旁，即可得到謎底。

蕭繹

情願獨身（徐妃格·打河北地名一）。

謎底為"邯鄲"。"情願"即"甘"；"獨身"即"單"，各字加上"阝"旁，即可得到謎底。

有你有他（徐妃格·打文言形容詞一）。

謎底為"嵯峨"。謎面的意思是"差我"，各字加上"山"旁，即可得到謎底。

面面相覷（徐妃格·打植物一）。

謎底為"榕樹"。謎面可會意為面容相對，扣出"容對"，各字加上"木"旁，即可得到謎底。

6. 求凰格

出自漢代司馬相如的《鳳求凰》，演繹了他和卓文君的愛情故事。全詩不僅情感強烈不失細膩，意寓深遠不失纏綿，而且對仗工整，象徵著男女主人公感情之堅貞，理想之非凡。所以，求凰格的燈謎，其謎底與謎面對稱，即謎面為上聯，謎底為下聯，詞性、平仄相扣。通常準確的謎底還需在下聯前面或後面加上含有成雙成對寓意的詞，例如：二、倆、雙、和、緣、匹、配、對、偶、齊、合、同、聯、結、相對、相逢、相會、結合、鴛鴦等等。求凰格又稱梁孟格、秦晉格，屬於對偶類謎格。

黑（求凰格·打文學詞語一）。

謎底為"對白"。"白"與"黑"相扣，前面增加一個附加詞"對"構成謎底。

黃金（求凰格·打畫家名一）。

謎底為"齊白石"。"白石"與"黃金"相扣，前面增加一個附加詞"齊"構成謎底。

酸和辣（求凰格·打成語一）。

謎底為"同甘共苦"。"甘"與"酸"相扣；"苦"與"辣"相對，前面分別增加一個附加詞"同""共"構成謎底。

玉門關（求凰格·打句五言唐詩一）。

謎底為"金殿鎖"。"金殿鎖"與"玉門關"相扣，後面增加一個附加詞"鴛鴦"構成謎底。

7. 解鈴格

出自成語"解鈴還須系鈴人"。明代瞿汝稷的《指月錄》中記載，有一個法師問一群和尚："有誰能將系在老虎脖子上的鈴鐺解下來？"泰欽禪師回答道："誰能系上去，誰就能解下來。"在古代，人們常常用圈讀的方法來標示四聲的變化和本音的改變，但凡本音被改讀的字，人們都會用朱砂在字的右上方畫上一個圈，使人容易辨別是否改讀，一目了然，而這個小紅圈就像一個鈴鐺。解鈴格就是將原本圈讀的字刻意取消圈讀，還原本音，增加猜射難度。

勞動競賽（解鈴格·打古人名一）。

謎底為"比干"。與謎面扣合的"幹"字原讀第四聲，而在謎底中應讀第一聲。

孟諏庚寅（解鈴格·打《左傳》中句子一）。

謎底為"原將降矣"。"孟諏""庚寅"均是記載年月日的，謎面的"孟諏庚寅"出自屈原《離騷》中"攝提貞於孟諏兮，惟庚寅吾以降"一句，意思為屈原在孟諏庚寅時分降生。謎底中的"將"字原讀第四聲，而在謎底中應讀第一聲。

雙方違規行駛（解鈴格·打象棋術語一）。

謎底為"雙車錯"。

東南北（解鈴格·打地名一）。

謎底為"西藏"。

8.素心格

出自陶淵明的《移居詩》其一，"聞多素心人，樂與數晨夕"。"素心"為內心潔白之意，因此素心格的燈謎其謎底中間一個字是白字，且謎底必須在三個字以上。素心格又稱玉帶格、玉腰格、銀腰格，屬於諧音類謎格。

媽（素心格·打黃梅戲劇碼一）。

謎底為"女駙馬"。"媽"字可拆分為"女"字和"馬"字，意為"女"字附著在"馬"字旁邊，"駙"是"附"的白字。

陶淵明

寒風撲臉（素心格·打食品名一）。

謎底為"涼拌面"。"寒風"有清涼之意，謎面之意即為臉上伴隨著清涼之感，可會意為"涼伴面"，"拌"是"伴"的白字。

六宮粉黛無顏色（素心格·打三字新詞一）。

謎底為"環境美"。謎面出自白居易的《長恨歌》："回眸一笑百媚生，六宮粉黛無顏色。"說的是楊玉環之貌驚人的美豔，扣出"環驚美"三字，"境"是"驚"的白字。

木蘭從軍（素心格·打汽修工具一）。

謎底為"千斤頂"。花木蘭是代父從軍，有頂替之意，扣出"千金頂"，"斤"是"金"的白字。

9. 上樓格

即將謎底除首字外其餘字向前推進一格，類似於上樓而得名，又稱登樓格、舉趾格、踢斗格。屬於移字類謎格。

白日依山盡（上樓格·打外國名著一）。

將謎面中"白日"二字分開，"白"即說，扣"譚"；"日依山盡"意為太陽靠近山頭，會意為夜晚將要來臨，扣"天方夜"，合併之後得出"譚天方夜"。根據上樓格的格法，因此，謎底為"天方夜譚"。

周王伐紂（上樓格·打《詩經》句一）。

謎面之意為周武王姬發撻伐殷紂王，扣出"武撻彼殷"，再根據上樓格的格法得出謎底"撻彼殷武"，出自《詩經·商頌·殷武》。

放眼全球（上樓格·打哲學詞語一）。

"放眼"即"觀"，"全球"即"世界"，扣出"觀世界"，移動之後便可得到謎底"世界觀"。

鷸蚌相爭（上樓格·打保險詞語一）。

諺語：鷸蚌相爭，漁翁得利。謎面取前半句，不難會意出"人受益"三字，移動之後便可得到謎底"受益人"。

10. 下樓格

即將謎底除末字外其餘字向後移動一格，類似於下樓而得名，與上樓格相對，又稱落樓格、低頭格、垂柳格。屬於移字類謎格。

群芳爭豔（下樓格·打詞牌名一）。

"群芳"扣"百花"；"爭豔"扣"鬥"，合併即為"百花鬥"，根據下樓格的格法，謎底為"鬥百花"。

日出之時（下樓格·打黨史人物一）。

謎面可會意為看天色才是黎明時分，扣出"天才黎"，根據下樓格的格法，謎底為"黎天才"。

望夫雲（下樓格·打諢號一）。

"望"，取其對望之意，扣"面"；"夫"即"郎君"；"雲"，說也，扣"白"，合併為"面郎君白"，移動之後便可得到謎底"白面郎君"。

四周有觀眾（下樓格·打成語一）。

謎面可會意為四周坐滿了觀眾，中間卻沒有觀眾，扣出"中無人坐"，"坐"通"座"，移動之後便可得到謎底"座中無人"。

11. 蝦須格

謎底的字數為兩個字以上，且第一個字左右可拆分為兩個字，分離後的謎底扣合謎意。屬於拆字分讀類謎格。

對牛彈琴（蝦鬚格·打教育詞語一）。

謎面可會意為牛不會理會，扣出"牛勿理"三字，根據格法，將前兩個字合併為"物"字，因此，謎底為"物理"。

夕陽如畫（蝦鬚格·打網路詞語一）。

"夕陽"即傍晚，日落西方，構成一幅"日西圖"三字，根據格法，將前兩個字合併為"曬"字，因此，謎底為"曬圖"。

欲言又止（蝦鬚格·打詞語一）。

欲言又止，話未說出，扣出"口未道"三字，根據格法，將前兩個字合並為"味"字，因此，謎底為"味道"。

莫為兒孫做牛馬（蝦鬚格·打成語一）。

謎面之意為不要替子女做他們力所能及之事，反扣為子女的事情要他們自己做，扣出"子女自為之"，將前兩個字合併為"好"字，因此，謎底為"好自為之"。

12. 摘遍格

謎底字數需在兩個字以上，均是上下結構且具有相同的部首，去掉上方部首，留下下方字扣合謎面。屬於拆字半讀類謎格。

大器晚成（摘遍格·打花卉名一）。

謎面可會意為晚年獲利，扣出"末利"二字，根據摘遍格的格法需增加相同的部首，同時加回"艸"字頭，因此，謎底為"茉莉"。

夏到三庚（摘遍格·打中藥名一）。

常言道："夏至三庚便入伏。"從夏至算起，第三個庚日便是進入伏的時令，扣出"伏令"二字，同時加回"艸"字頭，因此，謎底為"茯苓"。

走田字（摘遍格·打氣象用語一）。

在中國象棋中，"相"是走"田"字格的，謎面的"走田字"即"相"的路法，扣出"相路"二字，同時加回"雨"字頭，因此，謎底為"霜露"。

為何來此（摘遍格·打德國地名一）。

謎面可會意為來此地的原因，扣出"來因"二字，同時加回"艸"字頭，因此，謎底為"萊茵"。

13. 回文格

出自前秦時期竇滔之妻蘇蕙所作《回文璿璣圖》，因此，回文格又稱璿璣格、錦書格、織錦格。謎底字數為兩個字以上，可順讀，亦可倒讀，所產生的兩個字義均可扣合謎面。屬於移字類謎格。

是禍躲不過（回文格·打電影名一）。

謎面可會意為想要躲避災難卻躲不過去，扣出"避難難避"，取前半部分，因此，謎底為"避難"。

一見鍾情（回文格·打喜劇名一）。

根據謎面之意可扣出"女中郎郎中女"，"中"，中意，取前半部分，因此，謎底為"女中郎"。

徐（回文格·打成語一）。

"徐"字可拆分為"彳"和"餘"，即"雙人"和"我"，可會意為"人人為我"，又可會意為"我為人人"。取前半部分，因此，謎底為"人人為我"。

沒本事的一個沒走，有本事的一個沒留（回文格·打俗語一）。

根據謎面之意可扣出"差不離離不差"，取前半部分，因此，謎底為"差不離"。

14. 雙鉤格

謎底為四個字，一般為四字短語或成語，前後二字位置互換之後扣合謎面。又稱轉移格、倒裝格，屬於移字類謎格。

黑暗（雙鉤格·打成語一）。

"黑"即"不白"，"暗"即"不明"，扣出"不白不明"，位置互換之後便可得到謎底"不明不白"。

二月霏霏侵古道（雙鉤格·打電影名一）。

二月春風，百花爭豔，"二月"扣"花"字，"霏霏"扣"雨"字；"古道"即古代的絲綢之路，扣出"絲路"。位置互換之後便可得到謎底"絲路花雨"。

屠宰場（雙鉤格·打成語一）。

牲畜進入屠宰場定是"活來死去"，位置互換之後便可得到謎底"死去活來"。

目光如炬，料事如神（雙鉤格·打成語一）。

"目光如炬"會意為眼睛明亮，扣出"眼亮"二字；"料事如神"會意為內心明亮、看事準確，扣出"心明"二字。位置互換之後便可得到謎底"心明眼亮"。

15. 探驪格

格名出自"探驪龍頷下之珠"的典故。《莊子·列禦寇》中記載，驪龍頷下之珠乃是無價之寶，想要探取寶珠就必須等驪龍熟睡之時才有機會。因此，探驪格又稱探珠格。探驪格是一種特殊的謎格，謎條之上無須標注謎目，謎目則隱藏於謎底之中。

自古紅顏多薄命（探驪格）。

自古紅顏多薄命，安能留得在陽間？扣出"安陽"二字。安陽是七朝古都，因此謎底為"古都·安陽"。

才始送春歸（探驪格）。

謎面出自宋代王觀的《蔔運算元·送鮑浩然之浙東》："才始送春歸，又送君歸去。"意為剛剛才送春天離去。根據謎面之意可反扣出夏天已經到來，扣出"夏至"。夏至是一個時令，因此謎底為"時令·夏至"。

願教青帝常為主（探驪格）。

謎面出自宋代朱淑真的《落花》："願教青帝常為主，莫遣紛紛點翠苔。"青帝是古代神話中的人物，是位於東方的司春之神。謎面有立青帝為主之意，"青帝"即"春天"，可扣出"立春"二字。立春是一個時令，因此謎底為"時令·立春"。

人事有代謝，往來成古今（探驪格）。

謎面出自唐代孟浩然的《與諸子登峴山》，人間之事更新換代，來來往往形成古今，可會意為只有如此歷史才能前進，扣出"史進"二字。史進是《水滸傳》中的人名，因此謎底為"《水滸》人名·史進"。

孟浩然

第七編　經典燈謎賞析

　　燈謎從古代流傳至今，不乏優秀的謎作，分別被收錄於《龍山燈虎》《隱林》《廿四家隱語》《十五家妙契同岑集謎選》《絕妙集》《四子音》《張黎春燈合集選錄》《春謎大觀》《十四家新謎選》等謎集之中。

一、龍山燈虎

並轍而還（打《詩經》句一）。

北宋時期的文學家蘇轍與其父蘇洵、兄蘇軾一併號稱"三蘇"。蘇轍，字子由。謎面中"並"有"一併""一起"之意；"轍"即蘇轍；"還"即"歸"意。因此，謎面原意為"與蘇轍一起歸來"。《詩經·齊風·南山》中有一句："南山崔崔，雄狐綏綏，魯道有蕩，齊子由歸。"齊子乃是魯桓公的夫人文姜，"歸"有"出嫁"之意，"由歸"是指"從這裡出嫁"。最後四字經過別解之後與謎面相扣合。

但願生兒愚且魯（打《詩經》句一）。

謎面出自宋代蘇軾的《洗兒》，原詩為："人皆養子望聰明，我被聰明誤一生。惟願孩兒愚且魯，無災無難到公卿。"詩人自己仕途坎坷，命運多舛，全因樹大招風。詩人雖有望子成龍之意，但寧可自己的孩子平庸一生，碌碌無為，也不希望他重蹈覆轍，招來殺身之禍。因此，謎面本意為希望自己所生的孩兒愚笨一些。《詩經·檜風·隰有萇楚》中有一句："夭之沃沃，樂子之無知。"有一檜國人看到國君淫亂無度，荒廢朝政，痛心疾首，如此縱情聲色還不如沒有情欲！最後四字別解之後與謎面相扣合。

春風一曲人憔悴（打《西廂記》句一）。

唐代劉禹錫的《贈李司空妓》中寫道："高髻雲鬟宮樣妝，春分一曲杜韋娘。司空見慣渾閒事，斷盡蘇州刺史腸。"這首詩是作者在唐文宗大和二年（828年）長安李紳府邸的宴會上因看見一位妙齡歌妓翩翩起舞，舞姿婀娜動人，歌聲婉轉動聽，而揮筆疾書，寫下的文章的開頭。這個歌妓正是杜韋娘，她紅遍大江南北，有的教坊還以其名為曲名，更有後人將其名用作詞牌名。唐代杜甫《夢李白》（其二）詩有云："出門搔白首，若負平生志。冠蓋滿京華，斯人獨憔悴。"謎面是將劉禹錫和杜甫的詩結合。

《西廂記》中有此句："憔悴潘郎鬢有絲，杜韋娘不似舊時，帶圍寬清減了瘦腰肢。"萬千，而在杜甫詩中，又成了一個憔悴落魄之人，難免有時光流逝，物是人非之感，與"杜韋娘不似舊時"相扣合。

劉禹錫

雲橫秦嶺家何在，雪擁藍關馬不前（打唐詩句一）。

謎面出自唐代著名文學家韓愈的《左遷至藍關示侄孫湘》："雲橫秦嶺家何在？雪擁藍關馬不前。知汝遠來應有意，好收吾骨瘴江邊。"這首詩是韓愈被貶潮州之時，前往潮州路途上所作的。而這句"雲橫秦嶺家何在，雪擁藍關馬不前"最早並不是出自韓愈，而是源自韓愈的孫侄——韓湘。宋代劉斧編撰的《青瑣高議》中記載著一個故事：

湘聚土以盆覆之，良久花開，乃碧花二朵，於花間擁出金字詩，一聯云："雲橫秦嶺家何在，雪擁藍關馬不前。"公未曉其句意。湘曰："事久可驗。"遂告去。未幾，公為佛骨事謫潮州。一日，途中遇雪，俄有人冒雪而來，乃湘也。湘曰："憶花上之句乎？正今日事也！"公詢其地，即藍關，嗟歎久之。

故事中的"湘"便是指韓湘，"公"即韓愈。韓湘好道術，能令花在眨眼之間盛開。於是便邀請眾人來家觀看，果然在他施法之後，兩朵

韓愈

碧花盛開。《青瑣高議》雖是一部志怪小說集，也經過眾人改編，其真實性無從考究，但也可以從側面證明，當時韓湘在眾人眼中是一個懂得道法，可預知未來之人。韓湘預知韓愈會被貶潮州，會路經藍關，且大雪滿天，路封不前。

唐代詩人李益作有一首樂府詩，名為《江南曲》，其中有一句"早知潮有信，嫁與弄潮兒"。這是一首閨怨詩，是妻子對歸期不定的丈夫的一種抱怨，早知道潮水漲退有一個定期，當初何不嫁給一個船夫。前半句可別解為一早就知道（韓愈）要被貶潮州的資訊，其意與韓湘頃刻使花開之故事不謀而合。

青奴小婢如桃李（打《四書》句一）。

謎面並非出自某位詩人，是謎人自製的謎面，七言格律，清新典雅。"青奴小婢"是指那些剛進府中為婢的丫鬟，各個清秀紅潤，正如桃李。"桃李"原指一些甜美果實，而這裡，桃李並非桃李本意。《史記·李將軍列傳》中有言："桃李不言，下自成蹊。"雖行善不留姓名，但百姓還是會記住他。因此，桃李有"不言"之意。

《論語·述而》有一則："葉公問孔子於子路，子路不對。子曰：'女奚不曰，其為人也，發憤忘食，樂以忘憂，不知老之將至雲爾。'"其中"女奚不曰"四字別解之後剛好應和謎面。"女"，通假字，通"汝"，是"你"的意思，這裡直取原意；"奚"，取其"奚奴"之意；"桃李"扣"不曰"。這則燈謎結構之精妙，語境之秀麗，是難得一見的佳作。

蓬門今始為君開（打曲牌名一）。

謎面出自杜甫的《客至》："花徑不曾緣客掃，蓬門今始為君開。"詩人在成都西郊浣花溪頭蓋了一座草堂，終於結束了顛沛流離的亡命生涯，有了一個定居之所。客人到訪，詩人自定居之後第一次開門迎客，於是作下此詩。因此，謎面可會意為第一個進入，與曲牌名"入破第一"扣合。這則燈謎妙在一個"始"字，此乃關鍵之所在。

莫向春風唱鷓鴣（打《四書》句一）。

謎面出自唐代詩人鄭谷的《席上貽歌者》："花月樓臺近九衢，清歌一曲倒金壺。座中亦有江南客，莫向春風唱鷓鴣。"明月高懸，亭樓滿座，歌舞盡興，酒興正酣。花月、樓臺、清歌、金杯，樣樣都是紙醉金迷之物，但是後一聯中詩人卻不寫酒，只寫歌，還讓歌妓莫唱《鷓鴣曲》了。詩人自稱是"江南客"，《鷓鴣曲》是模仿鷓鴣之聲，去掉哀怨婉轉，飽含深情，鷓鴣有"飛必南翥"之性，一曲《鷓鴣曲》更是讓詩人思鄉情切。唱者無心，聽者有意，酒未醉人，歌卻醉人。因此，才懇求歌妓不要再唱了。

鄭穀

《論語·衛靈公》有一句話："放鄭聲，遠國時期鄭國的音樂，與雅樂不同，它是一種俗樂，孔子的儒家學說提倡雅樂排斥俗樂。這裡的"鄭"顯然不是這個意思。詩人鄭谷曾作一首《鷓鴣》："相呼相應湘江闊，苦竹叢深日向西。"世人也稱鄭谷為鄭鷓鴣。鄭即鷓鴣，也就是詩人。若將"放鄭歌"三字別解為"放棄鷓鴣的歌聲"，恰好與謎面相扣。

行人臨發又開封（打《易經》句一）。

謎面出自唐代詩人張籍的《秋思》："洛陽城裡見秋風，欲作家書意萬重。複恐匆匆說不盡，行人臨發又開封。""開封"是打開信封之意。詩人描寫了一個生活細節：即將遠行的遊子，擔心自己忙中生亂，是否還有要交代的事情未在書信之中提及，於是拆開書信仔細查看一遍。詩人將遊子情系家鄉、千言難盡、依依不捨之意表現得淋漓盡致。詩人之意是擔心書信之中漏寫了一些資訊，《易經·繫辭上》中有言"書不盡言"，剛好扣合謎面。

關關雎鳩（打古文句一）。

謎面出自中國漢族文學史上最早的詩歌總集——《詩經》，又稱之為《詩》，收入三百零五首。《國風·周南·關雎》是這本詩歌總集的第一篇："關關雎鳩，在河之洲；窈窕淑女，君子好逑。""雎鳩"，是一種水鳥，"關關"，是它的叫聲。韓愈的《送孟冬野序》中一句"始以其詩"，別解之後恰好扣合謎面。"始"，首次；"詩"，指《詩經》，意為首次出現在《詩經》之中。

疑是玉人來（打《易經》句一）。

謎面出自元代王實甫所著的《西廂記》："待月西廂下，迎風戶半開。拂牆花影動，疑是玉人來。"這是張生在等待與崔鶯鶯約會時寫下的小詩，詩中的"玉人"便是崔鶯鶯。可是謎人卻以此設伏，反其道而行，謎面雖出自《西廂記》，卻引用了另外一個典故。東晉王嘉的《拾遺記》中記載："河南獻玉人，高三尺，乃取玉人置後側……甘後與玉人潔白齊潤，觀者殆相亂惑。嬖寵者非唯嫉於甘後，亦妒於玉人也。"河南地方獻給劉備有兩個玉人，一個是真玉人，而另一個實則就是甘後。謎面曰"疑是玉人來"，玉人怎會來？來者是甘後，甘後與玉人同樣潔白齊潤，美豔不可方物，令人混淆。謎底乃是《易經·臨》中"甘臨"一句，原意為臨卦，在謎中別解為甘後來臨。

兩岸青山相對出（打《易經》句一）。

謎面出自李白的《望天門山》："天門中斷楚江開，碧水東流至此回。兩岸青山相對出，孤帆一片日邊來。"因有"天門中斷"，才有"兩岸青山"。詩人去往江東，路經天門山，驚歎其宏偉之氣勢，颯爽之雄姿，有感而作此詩。謎人匠心別具，雖引用此詩，卻不引用其典，"兩岸青山"高聳入天，在詩人眼中是雄偉的、壯觀的，但在謎人眼中卻不然。謎人將其幻化為一個字——臼，兩旁聳立，中間留空，不就是遠望天門山、楚江斷其中的景象嗎？"相對出"，青山相對，在詩人眼中是情義無限，但在謎人眼中卻是"一蹴而就"之意。

《易經·繫辭下》中有"掘地為臼"一句可作為謎底。"掘"通"崛"，有崛起之意，扣合謎面中"相對出"的"一蹴而就"之意。

二、隱林

伊尹（打藥名一）。

伊尹，名摯，是中國歷史上傑出的思想家、政治家、軍事家，輔佐商湯建立商王朝。《墨子·尚賢》稱："伊尹為有莘氏女師僕。"伊尹曾經當過老師，但是他的身世卻頗具傳奇色彩。《呂氏春秋·本味》中記載："有侁氏女子採桑，得嬰兒於空桑之中，獻之其君。"有侁氏的女子去採摘桑葉，在一棵中空的桑樹裡撿到一個嬰兒，這個嬰兒就是伊尹。伊尹的母親一直住在伊水河邊，她懷有身孕，在睡夢之中見到天神，天神告訴她，臼裡如果盛出水來就向東跑，千萬不要回頭看。第二天，臼裡果然盛出水來，她就把這件事情告知鄰居，大家向東跑了十裡左右，回頭一看，村子已經被水吞沒了。於是她的身體幻化成了一棵中空的桑樹。因此可以聯想，伊尹是在桑樹之中成長的，可以理解為寄生在桑樹之中，恰好有一種中藥名為"桑寄生"，扣合謎意。

伊尹

吐白鳳（打《左傳》地名一）。

"吐白鳳"即"吐鳳"。《西京雜記》卷二中記載："雄著《太玄經》，夢吐鳳凰，集《玄》之上。"雄即揚雄，字子雲，西漢時期著名的辭賦家，學富五車，博古通今，文采斐然，後人更有"歇馬獨來尋故事，文章兩漢愧楊雄"之說。後來，"吐鳳"二字便用來贊許才士文才之卓越或文字之秀美。

例如，《舊唐書·文苑傳序》便有："門羅吐鳳之才，人擅握蛇之價。"但對一般人來說，達到"吐白鳳"的境界就如同做白日夢。

今湖北省中部偏東、江漢平原東北部有一名為"雲夢"的縣城，是一座歷史縣城。雲夢即夢高人雲，想入非非之意，與謎面會意之後的"做白日夢"相扣合。

衣帶詔（打《四書》句一）。

衣帶詔是皇帝命人將密詔縫於玉帶之中，暗中命人帶出皇宮。《三國志·蜀書·先主傳》便有記載："先主未出時，獻帝舅車騎將軍董承辭受帝衣帶中密詔，當誅曹公。"《先主傳》是蜀漢陳壽特為劉備撰寫的傳，當中的"先主"便是指劉備。當時漢獻帝劉協被曹操軟禁於許昌，終日提心吊膽，生怕曹操殺之，曹操則挾天子以令諸侯，執天下牛耳，僭越皇權，君臣之禮盡壞。漢獻帝咬破手指，以血為墨，寫下這血詔，並命董貴人將其縫入玉帶之中。次日，漢獻帝借祭祖之時，暗中將玉帶交給國舅董承，因自己身陷囹圄，出入十分不便，命董承在外廣招天下忠義人士，組成義軍，殺曹賊，復漢室。後董承聯繫了劉備、馬騰、王子服、種輯、吳子蘭、吳碩，共七人，聯名舉兵討賊。可惜，事情敗露，董承被殺。

《論語·憲問》中有一則："子曰：'賢者辟世，其次辟地，其次辟色，其次辟言。'子曰：'作者七人矣。'"將"作者七人矣"別解，"作者"不是寫作之人，而別解為舉事之人，整句可理解為參與舉事的共有七人，與上述中的劉備、董承等七人盟約之說相互扣合。

將以為暴（打梁山泊人諢號一）。

謎面出自四書《孟子·盡天下》："孟子曰：'古之為關也，將以禦暴；今之為關也，將以為暴。'"孟子說，以前設立的關卡，是想用它來抵禦殘暴；現在設立的關卡，是想用它來施行殘暴。孟子，名軻，字子輿，是戰國時期儒家學派的主要人物之一。他提出"民為貴，社稷次之，君為輕"，反對繁重的苛捐雜稅和刑罰暴政，提倡仁政。

諢號即外號。《水滸傳》中有一梁山好漢，名為楊雄，諢號病關索。若將這三字別解，"病"字並非生病之意，而是理解為責備之意；"關"字扣孟子所言的關卡；"索"即為鐵索，關卡中的刑具。那麼"病關索"便可作為謎底，順理成章且巧妙絕倫，妙在這個"關"字上，謎面之中雖沒有直接點出，卻可通過句意會意出來。

四歲讓梨（打《千字文》句一）。

謎面是一個"孔融讓梨"的典故，出自《世說新語·箋疏》："續漢書曰：'孔融，字文舉，魯國人，孔子二十世孫也。高祖父尚，鉅鹿太守。父宙，泰山都尉。'融別傳曰：融四歲，與兄食梨，輒引小者。人問其故。答曰：'小兒，法當取小者。'"孔融，字文舉，是東漢末年著名的文學家。他四歲那年，父親帶來一盤梨，讓他分給兄弟姐妹們吃。孔融按照長幼的順序分給其他兄弟，自己卻留了一個最小的梨。孔融說："我年紀小，理當分到小的梨，大的梨應當分給兄長。"父親聽後很是欣喜，又有一事不解："你比你弟弟年長，為什麼他的梨比你大？"孔融說："弟弟年幼，我身為兄長理當禮讓。"事情傳遍全國，眾人皆效仿，以教導孩子要懂得謙讓之禮。

《詩經·小雅·鹿鳴之什》之中有一句："死喪之威，兄弟孔懷。原隰裒矣，兄弟求矣。"意為每逢遭遇死喪的危難，兄弟往往是最為關心的。即便喪命埋葬於荒野之中，兄弟得到消息也會千里相尋。兄弟之情甚為難得，最為值得懷念。"孔懷兄弟"與"兄弟孔懷"雖語序不同，但文義相同。"孔"，原作副詞，非常之意，這裡可別解為"孔融"；"懷兄弟"，意為孔融心懷兄弟之情，才會有孔融讓梨之故事。因此，"孔懷兄弟"四字與謎意吻合，可作為謎底。

太宗以密表示，趙公固遜其位（打《四書》句一）。

謎面是一個歷史事件，《新唐書·長孫無忌傳》中記載："或有言無忌權太盛者，帝持表示無忌曰：'我與公君臣間無少疑，使各懷所聞不言，斯則蔽矣。'因普示群臣曰：'朕子幼，無忌於我有大功，視之猶子也。疏間親、新間舊之謂不順，朕無取焉。'無忌亦自懼貴且亢，後又數言之，遂解僕射，授開府儀同三司。"長孫無忌，字輔機，是初唐時期的大

長孫無忌

臣，長孫皇后之兄，隨唐高祖李淵起兵於太原，後輔佐唐太宗李世民，成為唐王朝的一大開國功臣，封為齊國公。有朝臣認為長孫無忌的權力太大，容易引起政變，便秘密向唐太宗上表。唐太宗對長孫無忌信任有加，將上承拿給長孫無忌看。長孫無忌雖知自己深得皇帝信任，但朝臣已有此非議，怕是以後流言蜚語不斷，皇帝不再信任，那麼自己也就大勢去矣，於是多次向唐太宗請求降低官職。唐太宗見他如此堅決，便罷免了他僕射之職，貶為開府儀同三司，封號趙國公。

謎面之中的"太宗"就是唐太宗李世民，"趙公"就是趙國公長孫無忌。《中庸》有一則："仲尼曰：'君子中庸，小人反中庸。君子之中庸也，君子而時中；小人之中庸也，小人而無忌憚也'。"據典故可知，是長孫無忌因為擔憂三人成虎，所以主動向唐太宗請辭。《中庸》中的"無忌"原是毫無忌憚之意，可別解為長孫無忌。那麼"而無忌憚也"之意便是自此以後長孫無忌也有所憚慮了，扣合謎意。

疾在膏肓之間，攻刺實難（打《四書》句一）。

謎面引用"病入膏肓"之典故，《左傳·成公十年》記載："公疾病，求醫於秦。秦伯使醫緩為之。未至。公夢疾為二豎子，曰：'彼良醫也，懼傷我，焉逃之？'其一曰：'居肓之上，膏之下，若我何？'醫至，曰：'疾不可為也。在肓之上，膏之下，攻之不可，達之不所及，藥不至焉，不可為也。'"春秋時期，晉景公患上了重病，聽說秦國有一個名叫緩的醫生，據說此人有妙手回春之能，便派人去請。醫生診斷之後，發現病原位於肓之上，膏之下，不可開刀切除，針灸無法到達，已是藥石無靈了。此後，便有病入膏肓一說，形容病情十分嚴重，無法醫治了。

《孟子·滕文公上》有一言："民事，不可緩也。《詩》云：'晝爾於茅，宵爾索綯；亟其乘屋，其始播百穀。'""緩"原是遲緩之意，可別解為醫生緩，因此，"不可緩也"與"緩不可也"互為倒序，文義不變，意為即便是醫生緩也是束手無策，與謎面的"病入膏肓"相呼應。此謎妙在一個"緩"字，謎面之中雖未直接提及"緩"字，但通過分析典故便不難發現。

南征不復（打《詩經》句一）。

謎面出自《左傳·僖公四年》："爾貢苞茅不入，王祭不貢，無以縮酒，寡人是征，昭王南征而不復，寡人是問。"《史記·周本紀》中也有記載："昭王南巡狩不返，卒於江上。其卒不赴告，諱之也。"周昭王是一貪玩好樂之人，他在南巡狩獵之時死於江上。謎面"南征不復"扣出了"卒於江上"。

《詩經·大雅·文王之什》中有"於昭於天"一句，意為比上天還要明察秋毫。在此謎中，"昭"字可別解為昭王，那麼，"於昭於天"可理解為昭王歸天了，扣合謎意。

岳孝娥殉節（打唐詩句一）。

謎面是一則歷史故事，講述的是岳飛之女嶽銀瓶投井殉孝一事。岳飛，字鵬舉，是南宋時期著名的軍事家。當時金人時常侵犯南宋邊境，宋金戰火不斷，百姓流離失所，岳飛帶兵與金人殊死搏鬥，保衛國家。南宋紹興十一年（1141年），金人精疲力竭無力再進攻南宋了，請求議和，岳飛認為應當乘勝追擊，可是宋高宗趙構不信任武將，加之秦檜從旁挑唆，宋高宗連下十二道金牌，迫使岳飛罷兵，最終將岳飛召回臨安，並褫奪兵符，打入天牢。後岳飛被秦檜誣告冤殺。岳飛屍首被義士收起，岳銀瓶聽聞此事之後投井自盡，殉節以示孝道。

岳飛

唐代詩人白居易的《琵琶行》中有一句："銀瓶乍破水漿迸，鐵騎突出刀槍鳴。"銀瓶是銀汲水器，銀瓶乍破，水漿迸出，是形容琵琶女所奏之樂曲調激昂。在此謎中，"銀瓶"二字卻別解為岳飛之女岳銀瓶，"銀瓶乍破水漿迸"是形容銀瓶投井之後水花四濺之景，扣合謎面"殉節"之說。

羊祜探桑（登樓格·打《二十四詩品》句一）。

《晉書·羊祜傳》中關於羊祜有如下記載："羊祜年五歲時，令乳母取所弄金環，乳母曰：'汝先無此物。'祜即詣鄰人李氏東垣桑樹中探得之。主人驚曰：'此吾亡兒所失物也，雲何持去？'乳母具言之，李氏悲惋。時人異之。"書中記載的是羊祜從桑樹中探得其想要之金環一事，可以扣出"中得其環"四字。登樓格即上樓格，其格法是將謎底除首字外其餘字向前推進一格，將謎底首字置於最後。調換字序後，謎底為"得其環中"，出自晚唐詩人司空圖的《二十四詩品》："超以象外，得其環中。"

先遣小姑嘗（鴉髻格·打《四書》句一）。

謎面出自唐代詩人王建的《新嫁娘詞三首》（其三）："三日入廚下，洗手作羹湯。未諳姑食性，先遣小姑嘗。"古代新嫁娘"過三起"之後要給公婆做飯打理家常了，但是不知公婆的食性，怕自己做的羹湯不符合公婆的口味，只有讓小姑先嘗。從中可以扣出"女口探湯"四字，意為小姑親口試探羹湯的優劣。鴉髻格即蝦鬚格，其格法是謎底第一個字左右拆分為兩個字。相反，將"女"字和"口"字合併為"如"字，謎底為"如探湯"，出自《論語·季氏》，原意為把手伸進滾燙的水中，比喻看見不好的事情就要趕快抽身離開。

三、廿四家隱語

莫道南朝第二人（打《四書》句一）。

蘇軾有一七言律詩《送子由使契丹》，其中有一句："單于若問君家世，莫道中朝第一人。"子由，是蘇軾之弟蘇轍的字。子由要出使契丹，蘇軾告誡他，如果大王問起家室，千萬不要自稱是"中朝第一人"，應當謙虛謹慎。因為在唐代，李揆便有"第一人"之稱。《新唐書·李揆傳》記載："揆美風儀，善奏對，帝歎曰：'卿門地、人物、文學皆當世第一，信朝廷羽儀乎！'故時稱三絕。"南朝與中朝同義，均是指南方之國。謎面可別解為千萬不要稱李揆為南國第二之人，為何？因為他是第一人。因此，謎底顯而易見，為"其揆一也"，出自《孟子·離婁下》。

點點楊花入硯池（打古文句一）。

謎面出自宋代詩人葉采的《暮春即事》："雙雙瓦雀行書案，點點楊花入硯池。"寫的是讀書人，雖屋外美景當前，但他兩眼不聞窗外事，一心唯讀聖賢書。楊花自古以來都被認為入水之後可幻化成浮萍，因此有《浣溪沙·懷董九九》的詩句："一世楊花二世萍，無疑三世化卿卿，不然何事也飄零。"楊花即浮萍，楊花入水便可會意為"萍水相逢"，出自王勃所作的《滕王閣序》："萍水相逢，盡是他鄉之客。"

劉寵選錢（打字一）。

劉寵，字祖榮，東漢大臣因"明經"被推薦為孝廉，為官之後實行仁政，減輕賦稅，罷免貪官，深受百姓愛戴。《後漢書·劉寵傳》中記載："寵簡除

煩苛，禁察非法，郡中大化……山陰縣有五六老叟，龐眉皓髮，自若邪山谷間出，人齎百錢以送寵……寵曰：'吾政何能及公言邪？勤苦父老！'為人選一大錢受之。"劉寵升為將作大匠，上京就職。山陰縣有五六位鬚眉皓然的老人，特意從鄉下趕來給他送行，感謝他帶來的安寧，並且每人帶了一百文錢以作酬謝。但是劉寵卻執意不肯收下，又見老人一片熱心，心意拳拳，無奈之下只得從每位老人手中取得一文錢。後來有人稱之為"一錢太守"。謎面"劉寵選錢"，言外之意是只取一文。"只"與"止"同音同義，將"止""一""文"三字合併，便是一個"政"字，即謎底。

劉寵

為問門前客，今朝幾個來（打戲目一）。

謎面出自唐代詩人李適之的《罷相作》："避賢初罷相，樂聖且銜杯。為問門前客，今朝幾個來？"李適之是唐天寶年間的宰相。好友韋堅等人被李林甫栽贓嫁禍，誣陷構罪，李適之終日憂心忡忡，擔心自己也會被李林甫陷害，於是上書請皇帝免去其宰相之職。獲許之後，在家中設宴，寫下此詩。詩人在為宰相之時，日日設宴，賓客絡繹不絕，可今時今日，來的賓客簡直屈指可數。"今朝幾個來？"詩人帶著無奈的語氣詢問下人今日到來的客人數量。

有一戲目，名為《審刺》，可別解為審問刺客，多半會問其有多少人，與謎面雖語境大相徑庭，但語義如出一轍，相互扣合。

啼時驚妾夢，不得到遼西（打《西廂記》句一）。

謎面出自唐代詩人金昌緒的《春怨》："打起黃鶯兒，莫教枝上啼。啼時驚妾夢，不得到遼西。"寫的是一個女子對遠在遼西當兵的丈夫的無比思念之情。丈夫遠征遼西，路途千里，音信全無，不知歸期為幾時。女子只得在睡夢之中，讓自己的靈魂穿越千山萬水，與丈夫相見。可誰知，竟被這黃鶯的叫聲驚醒了，心中不免生出對黃鶯的恨意，認為是黃鶯作對。"黃鶯作對"四字出自《西廂記》："怕女孩兒春心蕩，怪黃鶯作對，怨粉蝶成雙。"黃鶯啼叫、粉蝶成雙均是寄託思春之情。此謎中黃鶯不但沒有給詩人帶來一段幸福美滿的愛情，反而驚擾了詩人夢中與丈夫相會，有"作對"之嫌。

吞象（打《四書》句一）。

"吞象"二字縮寫於"一蛇吞象"，又作"巴蛇吞象"。《山海經·海內南經》中寫道："巴蛇食象，三歲而出其骨。"屈原的《天問》也寫道："靈蛇吞象，厥大何如？"傳說在南海有一種蛇名為巴蛇，身長八百尺，口大如天，能張口吞象。又有傳說，古時候有一個獵戶名為阿象，看到一條快要餓死的小蛇，動了惻隱之心，將它帶回家。待小蛇長大之後，獵戶不斷地向蛇索取，貪婪成性，成了當地的富豪還不滿足。蛇見他如此無藥可救，便一口將其吞掉，也就有了俗語"人心不足蛇吞象"之說。

《孟子·告子上》中有一句："至於味，天下期於易牙，是天下之口相似也。惟耳亦然。至於聲，天下期於師曠，是天下之耳相似也。""天下之口"可理解為"天"字下面加一個"口"字，是一個"吞"字，與謎面字形相同。謎面的言外之意是巴蛇之所以能吞象，是因為它口大如天，與"天下之口"字義相近。此謎妙在這個"吞"字，雖然看起來"象"字是多餘的，略顯累贅，但正是由於有了這個"象"字，才引出"一蛇吞象"的典故，底面才可銜接，是謎人有意安排。

百官未至，割肉以歸（打《詩經》句一）。

謎面記敘了東方朔割肉一事。《漢書·東方朔傳》中記載："久之，伏日，詔賜從官肉。大官丞日晏下來，朔獨拔劍割肉，謂其同官曰：'伏日當蚤歸，請受賜。'即懷肉去。大官奏之。朔入，上曰：'昨賜肉，不待詔，以劍割肉而去之，何也？'朔免冠謝。上曰：'先生起，自責也！'朔再拜曰：'朔來！朔來！受賜不待詔，何無禮也！拔劍割肉，一何壯也！割之不多，又何廉也！歸遺細君，又何仁也！'"東方朔為人幽默風趣，且滿腹才華，常常不按規矩辦事，皇帝賜肉，還未等到百官到齊便自己割了肉離去了。

《詩經·邶風·日月》中有一句："日居月諸，出自東方。乃如之人兮，德音無良。胡能有定？俾也可忘。"有版本作"東方自出"。這四字原意為太陽從東方升起，若將"東方"二字別解為東方朔，那麼四字可理解為東方朔自顧自出門離去，與謎面的未等百官割肉離去一事相呼應。

武子所施沒矣，而黶之怨實彰（打《易經》句一）。

謎面出自《左傳·襄公十四年》："武子之德在民，如周人之思召公焉，愛其甘棠，況其子乎？欒黶死，盈之善未能及人，武子所施沒矣，而黶之怨實章，將於是乎在。"自從欒武子死後，他對百姓實行的善舉恩惠也就隨之消失了，而百姓對欒黶的怨恨之情越來越深了。欒武子是春秋時期晉國的大臣，也是一個政治家，多謀略，實施恩惠於民，得到百姓的愛戴。但是其子欒桓子（即欒黶）就不同了，驕奢淫逸，貪婪成性，受盡百姓的唾罵。但百姓因為受到其父的恩惠而強忍於心。欒盈乃是欒黶之子，受到其舅范鞅的誣陷，被迫離開晉國投奔楚國，可誰知，在途中遭到滅門。

《易經·乾·象》中有一句："天行健，君子以自強不息。潛龍勿用，陽在下也。見龍在田，德施普也。終日乾乾，反復道也。或躍在淵，進無咎也。飛龍在天，大人造也。亢龍有悔，盈不可久也。用九，天德不可為首也。"盈則虧，不會一直都是圓滿，也不會一直都是空虧，這是道。"盈"字在《易經》中是圓滿之意，可別解為欒盈，那麼"盈不可久也"之意便是欒盈也不會長久了，扣合謎意。

齊人歸女樂，季桓子受之（打《禮記》句一）。

謎面出自《論語·微子》："齊人歸女樂，季桓子受之，三日不朝。孔子行。"朱熹注釋曰："季桓子，魯大夫，名斯。按史記，定公十四年，孔子為魯司寇，攝行相事，齊人懼，歸女樂以沮之。"齊國贈送了一些歌妓美女給魯國，季桓子欣然接受，結果沉迷於歌舞美色之中，三天不上朝。孔子得知此消息，深感痛惜，於是離開魯國了。

《禮記·檀弓下》中有一句："美哉輪焉，美哉奐焉。歌於斯，哭於斯，聚國族於斯。""歌"原意為祭祀上的奏樂，可別解為美女歌妓，與謎面的"齊人歸女樂"相呼應；"斯"可別解為季桓子。因此，"歌於斯"可理解為贈送歌妓給季桓子，底面相扣，渾然天成。

猶不廢我嘯歌（打《四書》句一）。

據《晉書·謝鯤傳》記載："鄰家高氏女有美色，鯤嘗挑之，女投梭，折其兩齒。時人為之語曰：'任達不已，幼輿折齒。'鯤聞之，敖然長嘯曰：

'猶不廢我嘯歌。'"謝鯤，字幼輿，世代從官，但其好色成性，見鄰家有美女便想去挑逗，誰料被梭砸中，斷了兩顆門牙。世人皆笑他偷雞不成蝕把米，謝鯤卻說："這完全不影響我仰天長嘯。"

《論語·憲問》有一句："沒齒無怨言。" 原意是到死也沒有一句怨言，死而無怨，這裡可別解為就算被打斷了牙齒也毫無怨言，也側面說明謝鯤好色成性已到了無藥可救的地步。

四、十五家妙契同岑集謎選

亡一鏡矣（打《四書》句一）。

謎面出自《舊唐書·魏徵傳》："上思徵不已，謂侍臣：'人以銅為鏡，可以正衣冠，以古為鏡，可以見興替，以人為鏡，可以知得失；魏徵沒，朕亡一鏡矣！'"魏徵，字玄成，文韜武略，才識超群，以敢於犯顏直諫著稱。魏徵一死，大唐頓失一國柱，唐太宗痛失一知音。唐太宗常以魏征為鏡，可知得失，今日魏征一死，唐太宗如同失去一面鏡子。

《中庸》有一句："上焉者，雖善無徵，無徵無信。""無徵"原是無可考證之意，而"徵"可別解為魏徵，因此"無徵"二字之意便是失去了魏徵，與謎面"亡一鏡"相扣。

常乘白驢日遊數萬里（打《四書》句一）。

據《太平廣記》記載："張果者，隱於恒州條山，常往來汾晉間……果常乘一白驢，日行數萬里，休則重疊之，其厚如紙，置於巾箱中；乘則以水噀之，還成驢矣。"謎面正是這個故事的縮影。張果乃是星命家之鼻祖，精通道法。《論語·子路》中有"言必信，行必果"一句，原意是說話一定要誠信，做事一定要果決；在這裡，"果"可別解為張果。那麼"行必果"三字可理解為行走的人必定是張果，與謎面張果騎白驢日遊萬里相對。因為謎底之中含有"行"字，所以謎面可以將"行"字改為"遊"字，既生動形象，又防止謎面露春。

燕子樓空，佳人何在（打《詩經》句一）。

謎面出自蘇軾的《永遇樂》，其中一句為："燕子樓空，佳人何在，空鎖樓中燕。"燕子樓是唐貞元年間武甯軍節度使張愔為其愛妾關盼盼建立的一座小樓，因其形狀如燕，並且多有燕子在此築巢休憩，便取名燕子樓。後來張愔逝世了，關盼盼獨居燕子樓十五年，最後在此死去。白居易作有《燕子樓三首》記敘其事，其中一首曰："滿窗明月滿簾霜，被冷燈殘拂臥床。燕子樓中霜月夜，秋來隻為一人長。"自關盼盼逝世之後，燕子樓便騰空了，只留得樓中的燕子，有容顏難見之感。《詩經·衛風·氓》中的"不見複關"別解為再也見不到關盼盼，可與之呼應。

留金十五年，至是始還（打古文句一）。

謎面上說的是洪皓作為使節出使金國，被扣留長達十五年方能回到臨安。當時作為使節出使金國是一件非常危險的事情，金與宋完全沒有議和之意，使節經常被扣留。《李陵答蘇武書》中有四字"皓首而歸"，原意為年老而歸，這裡的"皓"是指洪皓，"首"是首次之意，四字可別解為洪皓首次返回臨安。

取之不盡，用之不竭（打宋詩句一）。

謎面出自蘇軾的《前赤壁賦》："惟江上之清風，與山間之明月，耳得之而為聲，目遇之而成色，取之不盡，用之不竭，是造物者之無盡藏也。"認為清風明月是上天賜給我們的寶物，是取之不盡用之不竭的。宋代詩人黃庭堅有作《鄂州南樓書事四首》（其一），中有"清風明月無人管"一句。"清風明月"雖在謎面之中沒有體現，但通過結合謎面出處便不難發現；"無人管"原是無人打理之意，可別解為無人管制，與謎面的"取"與"用"相扣。

東飛伯勞西飛燕（打《四書》句一）。

謎面出自蕭衍的《東飛伯勞歌》："東飛伯勞西飛燕，黃姑織女時相見。"伯勞是一種鳥，與燕子一樣有遷飛的習性。在古代，通常用"勞燕分飛"來形容夫妻、親朋的離別。從字面上看，伯勞向東飛，燕子向西飛，將離別之感傷刻畫得淋漓盡致。

《論語·陽貨》中有一則："子曰：'性相近也，習相遠也。'"意為人的本性是相近的，但是由於習慣不同，日復一日，年復一年，才會有千差萬別。"習"在甲骨文中是上方一個"羽"字，下方一個"日"字，其意為鳥在太陽之上飛翔。後來將"日"字訛化為"白"字，便是"習"，簡體作"习"。《說文解字》中也有記載："習，數飛也。""數飛"，多次飛翔之意。可見，"習"字除了習染之意外，也有群鳥飛翔之意。因此，"習相遠也"可理解為在天上飛翔的群鳥越來越遠了，與"伯勞東飛燕西去"不但字義相近，意境也相同。

阿嬌暗泣有誰知（打唐詩句一）。

阿嬌乃是漢武帝劉徹的第一任皇后，東漢班固的《漢武故事》中記載："帝以乙酉年七月七日生於猗蘭殿。年四歲，立為膠東王……數歲，長公主嫖抱置膝上，問曰：'兒欲得婦不？'膠東王曰：'欲得婦。'長公主指左右長禦百餘人，皆云不用。末指其女問曰：'阿嬌好不？'於是乃笑對曰：'好！若得陳阿嬌作婦，當作金屋貯之也。'"後有"金屋藏嬌"一說，便由此而來，當中金屋是指黃金所造的房子，並非指金鑾殿。阿嬌之母館陶公主劉嫖因女兒與劉徹有婚約，便全力輔佐，直至他登上帝位，封陳嬌為皇后。後太皇太後竇猗房逝世，漢武帝皇位漸穩，不再依靠阿嬌家族，又喜新厭舊，終以無子為由廢除皇后。《漢書》中記載："及帝即位，立為皇后，擅寵驕貴，十餘年而無子。"於是便有了阿嬌長門宮暗自哭泣的情形。

唐代詩人劉方平的一首七言絕句《春怨》中有一句"金屋無人見淚痕"，說的正是金屋藏嬌一事，以及失寵而被打入冷宮的嬪妃們的生活現狀。

隱身林下，避世牆東（打《尚書》句一）。

謎面中"避世牆東"的典故出自《後漢書·逸民傳·蓬萌》："君公遭亂獨不去，儈牛自隱。時人謂之論曰：'避世牆東王君公。'"陸遊的《秋稼漸登識喜》中有一句："老翁自笑無它事，欲隱牆東學儈牛。"後多用此成語來形容隱居避世。

《尚書·商書·說命中》中有"樹後王君公"五字可與謎面扣合。"王君公"自然是扣"避世牆東"；以"樹後"扣"林下"，恰好。

得意馬蹄疾（打《詩經》句一）。

謎面出自唐代詩人孟郊的《登科後》，其中一句"春風得意馬蹄疾，一日看盡長安花"，是寫詩人高中之後，到長安上任，一路之上，心情極為愉悅，馬步也格外輕盈，駿馬飛馳。後人由此詩句得"春風得意"和"走馬看花"兩個成語。可謎人別出心裁，將"春風得意"一詞拆開，去掉"春風"二字，只留下"得意"二字，那麼原來的處境順利、事業有成之意也不復存在了。"得"可別解為得到，即"不失"；"疾"即"飛馳"。《詩經·小雅·車攻》有"不失其馳"一句，剛好扣合謎意。

花容憶太真（打《四書》句一）。

太真即楊玉環，她原是壽王妃，道號太真。《唐國史補》中記載："皇帝唐玄宗見她有傾城傾國之色，竟悖常倫，欲佔為己有。於是以'做女道士'為名招入宮。"李白的《清平調》（其一）中有"雲想衣裳花想容，春風拂檻露華濃"一句便是形容楊貴妃如花之美態，"花容"二字便出於此。謎面直意為見到花容之嬌豔而想起楊貴妃之貌。可謎人卻偏偏反其道而行，在此設下了一個陷阱，謎面中的"太真"並不指"楊貴妃"，而是另有其人。東晉時期有一大將軍名叫溫嶠，字泰真，一作太真。

《論語·季氏》中有一則："孔子曰：'君子有九思：視思明，聽思聰，色思溫，貌思恭，言思忠，事思敬，疑思問，忿思難，見得思義。'"君子需要思考九項事宜，"色思溫"，即對於自己的臉色，要思考是否一直保持溫和。而在此謎中，"色"扣"花容"；"思"扣"憶"；"溫"扣"太真"，一雅一俗，相得益彰。

以政即位（捲簾格·打《詩經》句一）。

《史記·呂不韋列傳》記載："莊襄王即位三年，薨，太子政立為王。""政"即秦始皇嬴政。據此書記載，嬴政乃是商人呂不韋之子。謎面之意為商人所生之子嬴政繼承帝位，扣出"商生子立帝"。捲簾格的格法是將副底倒序從而得到真正的謎底，因此，謎底為"帝立子生商"，出自《詩經·商頌·長髮》。

美哉泱泱乎，廣哉熙熙乎（打《四書》句一）。

謎面出自《左傳·襄公二十九年》："為之歌《齊》，曰：'美哉！泱泱乎！大風也哉！表東海者，其大公乎！國未可量也。'為之歌《大雅》，曰：'廣哉！熙熙乎！曲而有直體，其文王之德乎？'"季箚聽了《齊風》，感歎道：

"好啊！廣大深遠，果然有大國之風範，正如姜太公，前途不可限量。"聽了《大雅》，感歎道："廣啊！寬廣大方，正如周文王之品德，委婉又不失剛正。"謎面前半句是形容《齊風》，後半句形容《大雅》。

《孟子·盡心下》中有一則："高子曰：'禹之聲尚文王之聲。'孟子曰：'何以言之？'曰：'以追蠡。'曰：'是奚足哉？城門之軌，兩馬之力與？'"高子說："大禹之音樂遠勝文王之音樂。""尚"可別解為姜尚，即姜太公；"文王"即周文王。"尚文王之聲"可理解為姜尚、周文王之聲，扣合謎面《齊風》《大雅》。

人影在地，仰見明月（打《禮記》句一）。

謎面出自蘇軾的《後赤壁賦》，其中一句為："人影在地，仰見明月，顧而樂之，行歌相答。"李白的《月下獨酌》中也有一句："舉杯邀明月，對影成三人。"詩人、影子、明月，三人對飲吟詩，何其暢快！

《禮記·文王世子》中有"我百，爾九十，吾與爾三焉"一句。意為我離一百，你離九十，我和你都相差三歲。在此謎中，"爾"字別解為月亮，那麼，我與月亮相對加上影子豈不是成了三人？因此，謎底為"吾與爾三焉"。

五、絕妙集

墮淚碑（打《左傳》句一）。

三國時期的魏國有一軍事家，名曰羊祜，字叔子。羊祜平生非常喜愛大河江山美景，曾攀上日月岩南的念峴台，並寫下"念峴台"三個大字。後來樣祜逝世，襄陽百姓感念其功績，便在峴山之上建廟立碑，以歌頌其功德。遊人每當入廟瞻仰石碑，聽到羊祜生前之故事，無不感激涕零。此後，此碑便有"墮淚碑"一說。

《左傳·宣公二年》中有"疇昔之羊子為政，今日之事我為政"一句，成語"各自為政"便出於此。"疇昔"是"昔日"之意，《禮記·檀弓》中有言："於疇昔之夜，夢坐奠於兩楹之間。"在制此謎之時，謎人卻在此處巧妙地設下一個圈套，"疇昔"並不作過去之意，而是將二字分來解讀。"疇"與"酬"同音，意為酬謝；"羊子"指代羊祜。那麼，"疇昔之羊子為政"一句便可理解為酬謝昔日羊祜的德政。

謎面"墮淚碑"的言外之意為，何謂墮淚碑？為何立碑？因何墮淚？謎底作了回答，是感念羊祜的德政。一問一答，底面扣合，巧奪天工。

唯恐人不知（打《詩經》句一）。

據《晉書·良吏傳》記載："胡威，字伯武，一名貔。淮南壽春人也。父質，以忠清著稱……後入朝，武帝語及平生，因歎其父清，謂威曰：'卿孰與父清？' 對曰：'臣不如也。' 帝曰：'卿父以何勝耶？' 對曰：'臣父清恐人知，臣清恐人不知，是臣不及遠也。' 帝以威言直而婉，謙而順。累遷監豫州諸軍事、右將軍、豫州刺史，入為尚書，加奉車都尉。"胡威與其父胡質均以清正廉潔揚名，但胡質清廉唯恐天下人知道，胡威清廉卻唯恐天下人不知。

《詩經·鄘風·君子偕老》中有"子之清揚"四字，其原意為眼睛明亮、眉毛清秀。在這裡，"子"是孩子之意，意為胡威是胡質之子；"清"即清廉；"揚"即發揚。四字可理解為胡威相對於他父親胡質而言，認為清廉之風應該廣為人知，得到發揚，與謎意唯恐無人不知相扣。

諸將論功，異獨摒退（打《禮記》句一）。

異，是指馮異，字公孫，是東漢時期的名將。《後漢書·馮異傳》中記載："異為人謙退不伐，行與諸將相逢，輒引車避道。進止皆有表識，軍中號為整齊。每所止舍，諸將升坐論功，異常獨屏樹下，軍中號曰'大樹將軍'。"每當諸位將軍在談論功績的時候，唯獨馮異告退了，默默坐在樹下，因此，將士們便給他起了一個外號，"大樹將軍"。

《禮記·月令》有言："是月也，繼長增高，毋有壞墮，毋起土功，毋發大眾，毋伐大樹。"其中，最後四字原意為不要砍伐大樹。"伐"字可取其自誇之意；"大樹"別解為"大樹將軍"馮異；"毋伐大樹"可理解為大樹將軍從來不自誇，與謎面馮異躲開將士們自誇功績一事相扣合。

蠶妾以告（打《左傳》句一）。

謎面是一個史實，出自《左傳·僖公二十三年》："（公子重耳）及齊，齊桓公妻之，有馬二十乘，公子安之。從者以為不可，將行，謀於桑下。蠶妾在其上，以告姜氏，薑氏殺之。"重耳即晉文公，曾被迫害離開晉國，周遊列國。到達齊國之時，娶了齊桓公之女姜氏為妻，生活安逸舒適。侍從認為重耳如此下去必會墮落，於是在桑樹底下密謀，想要離開齊國。不料，此事被在桑樹上的女僕聽到，告知了薑氏。

《左傳·僖公八年》中記載："夏，狄伐晉，報採桑之役也。復期月。"原意為以報採桑之役之仇。在通曉謎面故事之後，"採桑之役"可別解為采桑的僕役，扣謎面中的"蠶妾"；"報"也並非復仇，而是報告，扣"告"。如此，以"報採桑之役也"為底便與謎面緊密相扣了。

鞭撻出佳兒（打《左傳》句一）。

謎面之意為教育孩子需嚴格管教，絕對不能溺愛。這是一種傳統的、保守的教育子女的方式，現在還有不少人沿用"棍棒底下出孝子""不打不成器"之類的理念。解謎需別解，但這則燈謎別解不在謎面，而在謎底。《左傳·宣公十二年》中有"子良在楚"一句，子良是鄭穆公庶子去疾，他作為人質被軟禁在楚國。在這裡，"子良"應別解為優秀的孩子，扣謎面的"佳兒"；"楚"別解為痛楚，扣"鞭撻"。"子良在楚"可理解為痛楚方有好子。

可憐無定河邊骨，猶是春閨夢裡人（打《詩經》句一）。

謎面出自唐代詩人陳陶的七言絕句《隴西行》："誓掃匈奴不顧身，五千貂錦喪胡塵。可憐無定河邊骨，猶是春閨夢裡人！"可憐無定河邊的那些白骨，曾經是妻子們日夜思念的丈夫。《詩經·大雅·雲漢》中有"憯不知其故"五字，"憯"同"慘"，淒慘之意；"故"，緣故，引申為將士戰死沙場的消息。因此，"憯不知其故"可理解為淒慘的是妻子們還不知道丈夫死亡的消息，與謎意緊緊相扣。

風月常新之印（打《左傳》句一）。

謎面是一個歷史典故，風月常新印是唐玄宗李隆基下令在宮女手臂之上印的印記。唐代張泌所作的《妝樓記·印臂》中有記載："以綢繆記印於臂上，文曰：'風月常新。'印畢，漬以桂紅膏，則水洗色不退。"風月常新印正如烙印一般刻在宮女的手臂之上，永遠無法抹去，註定一輩子被關在高牆之內。雖然如今的"風月常新"是表示夫妻之間情意綿綿，長久如新，但在歷史上，談及此印不免帶著些許感傷。

李隆基

《左傳·襄公二十六年》中有"朱也當禦"四字，原意是子朱也應當去接待。在謎中，"朱"並非指子朱，而是別解為朱紅色，扣"風月常新之印"，"印畢，漬以桂紅膏"，因此，此印呈朱紅色；"禦"也並非指接待，而是別解為皇帝專用。"朱也當禦"可理解為但凡手臂之上印有風月常新之印的姑娘都應當進獻給皇上。謎底傷情，謎意相扣。

諸兄哂之，謂之書癡（脫靴格·打《四書》句一）。

脫靴格，取高力士脫靴之典故。唐代李肇所作的《唐國史補》中記載："李白在翰林多沉飲，玄宗令撰樂辭，醉不可待，以水沃之，白稍能動，索筆一揮十數章，文不加點。後對禦引足令高力士脫靴，上命小閹排出之。"唐玄宗時期，高力士可是皇帝身邊的大紅人，皇子們尊稱他為"阿哥"，滿朝文武尊稱他為"老爹"，平日裡在皇宮作威作福。李白看此人很不順眼，一日在大殿之上，借著酒興讓高力士給他脫靴。皇帝急於讓李白擬寫詔書，也就答應了此事。"力士脫靴"這個成語便出自這個典故，意為文人蔑視權貴、狂傲不羈。但是脫靴格雖名從"力士脫靴"之故事，但摒棄了成語本身之義，取其直意。靴，鞋也，代指末尾。因此，脫靴格的格法是將謎底最後面一個字剔除方可扣合謎意，謎底不可少於三個字。例如：

清明時節（脫靴格·打成語一）

謎底為"陽奉陰違"，末字"違"不入

王（脫靴格·打成語一）

謎底為"千載一時"，末字"時"不入謎意。

謎面出自《舊唐書·竇威傳》："竇威，字文蔚，扶風平陵人，太穆皇后從父兄也。父熾，隋太傅。威家世勳貴，諸昆弟並尚武藝，而威耽玩文史，介然自守。諸兄哂之，謂為'書癡'。"竇家世代功勳，竇威乃是唐代宰相，不過他的兄長皆屢建功勳、軍功顯赫，他只不過是閒職一個罷了。只因竇威只好舞文弄墨，不擅騎馬射箭之類，兄長們都嘲笑他為書呆子。

《孟子·滕文公下》中有"富貴不能淫，貧賤不能移，威武不能屈，此之謂大丈夫"一句。原意是富貴之時不要沾染上惡習，貧困之時仍要堅守不要放棄，威武之時不要做理虧之事。在謎中，"威"字可別解為竇威；"武"字可別解為習武，與"文"相對。又因是脫靴格，所以末字不譯。那麼，"威武不能屈"在謎中可理解為竇威學武不能，與謎面中諸兄笑其只會習文，是個"書呆子"相扣。

咬臍郎認母（打《四書》句一）。

謎面所記敘的是元末明初四大傳奇故事之一，後有評劇《李三娘》，又名《白兔記》，講的正是這個故事。在五代的時候，李三娘下嫁劉知遠，後來劉知遠參軍之後屢建功勳，最終拋棄李三娘。李三娘失去丈夫，備受欺凌，在磨坊裡生下孩子，沒有剪刀，只有用牙齒咬斷臍帶，於是給孩子取名為"咬臍郎"。因無力撫養，只能將孩子送給劉知遠撫養。十六年後的一天，李三娘在井邊打水，忽然過來一個小將軍，正是她的孩兒，兩人在井邊相認。

《孟子·滕文公下》中有一句："井上有李，螬食實者過半矣，匍匐往，將食之，三咽，然後耳有聞，目有見。"其中"井上有李"四字原意為井的上方結了一個李子。在此謎中，"李"並非指李子，而是別解為李三娘。咬臍郎認母之際正是李三娘站在井的邊上打水之時。

寥落古行宮（打《孟子》句一）。

謎面出自唐代詩人元稹的五言絕句《行宮》："寥落古行宮，宮花寂寞紅。白頭宮女在，閑坐說玄宗。"這是一首充滿宮怨的詩，從新人入宮到兩鬢白髮，宮人一生飽受摧殘，簡直是一種不幸。詩人作為一個局外之人也有盛衰之感、惋惜之情。宮是古行宮，人是今朝人，行宮寥落依舊在，宮人寂寞蒼老時。

《孟子·滕文公上》中有"今也不幸"一句，滕定公薨乃是不幸。此謎中，"今"可別解為今朝之人，相對於古行宮而言宮人即今。"今也不幸"，宮人也是不幸的，這難道不是詩人元稹之感歎？

落霞孤鶩齊飛（打《四書》句一）。

謎面出自王勃的《滕王閣序》："落霞與孤鶩齊飛，秋水共長天一色。"最早則出自北周時期庾信的《三月三日華林園馬射賦》："落花與芝蓋同飛，楊柳共春旗一色。"落霞、孤鶩、秋水、長天，意境深遠，虛實得當，給人以無限的遐想，為歷代文人所稱許。當然，也有人認為此句有不足之處，清代章藻功在《思綺堂文集》中說道："曷不去與、共二字乃更加？"他認為應該去掉"與"字和"共"字，改為"落霞孤鶩齊飛，秋水長天一色"。但是孫淵卻認為"與""共"二字不能刪除，否則便顯得俗氣了。關於此二字是否要去掉，眾說紛紜，中庸之道曰可去可不去。謎面只截取了前半句，不難扣出謎底"可以與，可以無與"。謎底出自《孟子·離婁下》，原文中，"與"是給予之意。

生香不斷樹交花（打《千字文》句一）。

謎面出自北宋文學家石延年的七言律詩《金鄉張氏園亭》，其中一句為："樂意相關禽對語，生香不斷樹交花。"這句話是經典之句，一直為人讚賞。樹間家禽相互交談，其樂融融，開花的樹也相互交錯，纏綿在一起，一同綻放，一同送香。花香同傳，即"同氣"；樹幹纏綿，即"連枝"。因此，謎底為"同氣連枝"，出自《千字文》"孔懷兄弟，同氣連枝"，原是同胞兄弟姊妹之意。

六、四子殼音

斧聲燭影（打《論語》句一）。

謎面說的是宋太祖趙匡胤暴死，趙匡胤之弟趙光義即位一事。有人認為趙匡胤為何不按照禮樂習俗，將皇位傳給自己的長子，而是傳給了趙光義，定是趙光義為了奪取皇位，暗中謀害了趙匡胤。北宋文瑩編撰的《續湘山野錄》中便有記載，趙匡胤是在燭影斧聲中猝死的，當晚趙光義也留宿宮中，因此，他有重大嫌疑。而又有些人持反對意見，北宋司馬光編撰的《涑水紀聞》記載，趙匡胤駕崩之時已是四更天了，孝章宋皇

趙匡胤

本想派人去請四皇子趙德芳進宮，可奴才們並未到四皇子府中傳詔，而是去了趙光義府中。可見，趙匡胤暴死之時，趙光義並未在宮中。

《論語‧八佾》中有一則："子曰：'夏禮吾能言之，杞不足徵也；殷禮吾能言之，宋不足徵也。文獻不足故也。足，則吾能徵之矣。'""徵"通"證"，證實，證據之意。"宋不足徵也"，原意是宋國保留的極少史料不足以證實我所說的。但在謎中，"宋"可別解為發生趙宋王朝裡的斧聲燭影一事。只因此事大家各執不同的意見，也沒有確鑿的證據，因此，單憑"斧聲燭影"一說完全不足以作為趙光義的罪證。

處宗窗下接雞談（打《論語》句一）。

南朝宋劉義慶編撰的《幽明錄》中記載："晉兗州刺史沛國宋處宗，嘗

買得一長鳴雞，愛慕之至，恒籠著窗間；雞遂作人語，與處宗談論，極有言智，終日不輟。處宗因此言巧大進。"宋處宗買了一隻會說人話的雞，終日與雞高談闊論。後來人們所說的"處宗談雞"便出自此典故，而事實上是雞與處宗交談。

《論語·子罕》中有一則："子曰：'法語之言，能無從乎？改之為貴。巽與之言，能無說乎？繹之為貴。說而不繹，從而不改，吾末如之何也已矣。'""巽與之言"表示恭順贊許、美妙動聽的話。在《易經·說卦》中記載："乾為馬，坤為牛，震為龍，巽為雞，坎為豕，離為雉，艮為狗，兌為羊。"在謎中，"巽"可別解為"雞"；"之"則指代宋處宗。因此，"巽與之言"可理解為雞與宋處宗交談，在交談的兩個角色中，雞是主位，宋處宗是客位，與謎意宋處宗恭敬地與雞說話相扣。

聞雷泣墓（打《孟子》句一）。

謎面敘述的是魏晉時期孝子王裒的故事。《二十四孝》中記載："王裒，字偉元，事親至孝。母存日，性畏雷。既卒，葬於山林，每遇風雨聞雷，即奔墓所，拜泣告曰：裒在此，母勿懼。"可見他孝義之至，其母親怕雷，在她死後，每逢打雷他都跑到母親的墓碑前哭泣。《孟子·公孫醜上》中有"吾先子之所畏也"一句，"先子"，原是指父親，在謎中可偏重於"先"字，取其過世之意，可別解為母親。謎面提問，為何每逢打雷下雨你都要在母親的墓前哭泣，謎底回答，是因為打雷是我母親生前所害怕的。

秋千院落夜沉沉（打《詩經》句一）。

謎面出自蘇軾的《春宵》："春宵一刻值千金，花有清香月有陰。歌管樓台聲細細，秋千院落夜沉沉。"前兩句是高官貴族們絲竹管弦、紙醉金迷的夜間生活，可是來人已去，聲音細細，只留得秋千在院中。這首詩給後人們留下了"春宵一刻值千金"的千古名句，告誡人們良辰美景眨眼即逝，不要過於揮霍，應當珍惜。

《詩經·豳風·七月》中有"晝爾於茅，宵爾索綯。亟其乘屋，其始播百穀"一句。"索綯"，草繩也，與謎面中"秋千"相扣；"宵"，夜晚，與"夜沉沉"相扣。"宵爾索綯"可別解為夜晚的秋千。夜晚靜謐，秋千孤獨，有歡樂盡散獨憔悴之感，不僅與謎面相扣，意境也相同。

經師易獲，人師難得（打《孟子》句一）。

謎面出自《後漢書·郭泰傳》："童子魏照求入其房，供給灑掃。泰曰：'當精義講書，何來相近？'照曰：'經師易獲，人師難遭。欲以素絲之質，附近朱藍。'"郭泰，字林宗，是東漢末年著名的學者，他周遊列國，滿腹經綸，但也為人清高，不輕易收徒。因此，魏照才有"經師易獲，人師難遭"之感。

《孟子·滕文公下》中有"不以泰乎"一句，"泰"通"太"，原意為，這豈不是太過分了嗎？看似與郭泰多次謝絕官府召辟相扣，但這樣理解不免讓人覺得郭泰自恃清高、恃才傲物。在謎中，"泰"字可別解為郭泰。那麼，"不以泰乎"可理解為，這句話說的不就是郭泰嗎？而且從側面說明郭泰不僅才學滿腹，並且師德高尚，為萬千學子所求。

菊花須插滿頭歸（打《孟子》人名一）。

謎面出自杜牧的七言律詩《九日齊山登高》："塵世難逢開口笑，菊花須插滿頭歸。"諸事煩心，難得開口一笑，菊花盛開，須得滿頭而歸。此詩句又引用南朝宋檀道鸞《續晉陽秋》："陶潛嘗九月九日無酒，宅邊菊叢中摘菊盈把，坐其側，久留，見白衣至，乃王弘送酒也。即便就酌，醉而後歸。"

《孟子·滕文公下》中有提及"戴盈之"這個人。戴盈之是春秋戰國時期宋國大夫，曾問孟子，說，"什一，去關市之征，今茲未能，請輕之，以待來年，然後已，何如？"孟子回答他，"今有人日攘鄰之雞者，或告之曰：'是非君子之道。'曰：'請損之，月攘一雞，以待來年，然後已。'如知其非義，斯速已矣，何待來年？""戴"扣"插"；"盈"扣"滿"；"之"扣"頭"，再通過會意之法，不難解謎。

分明韓氏伯休兒，舊業相仍不索貲（打《論語》句一）。

東漢韓康，字伯休，他不願當官卻喜歡上山采藥，隱姓埋名在長安賣藥。東漢皇甫謐的《高士傳》中記載："韓康字伯休，一名恬休，京兆霸陵人。常采藥名山賣於長安市，口不二價三十餘年。時有女子從康買藥，康守價不移。女子怒曰：'公是韓伯休那，乃不二價乎？'康歎曰：'我本欲避名，今小女子皆知有我，何用藥為？'乃遁入霸陵山中。"後人以成語"韓康賣藥"來形容隱士寧願隱居山野以逃避世俗。與韓康不同的是,韓康的兒子卻懸壺濟世,贈醫施藥,分文不取。

《論語·鄉黨》中有一則:"康子饋藥,拜而受之。曰:'丘未達,不敢嘗。'""康子"原指的是魯國大夫季康子,在謎中可別解為韓康的兒子。"康子饋藥"扣合"伯休兒舊業不索貲"。

黎丘奇鬼(打《論語》句一)。

謎面是《呂氏春秋·慎行·疑似》中講的一個寓言故事。"梁北有黎丘部,有奇鬼焉,喜效人之子侄、昆弟之狀。邑丈人有之市而醉歸者,黎丘之鬼效其子之狀,扶而道苦之……明日端複飲於市,欲遇而刺殺之。明旦之市而醉,其真子恐其父之不能反也,遂逝迎之。丈人望其真子,拔劍而刺之。"黎丘這個地方有一種鬼,喜好模仿人的子侄兄弟。有一老漢喝得酩酊大醉,在回家的路上遇見黎丘奇鬼裝扮的兒子,他上前扶著老漢,而實際上是拉著老漢,不讓他回家。酒醒之後,老漢向其兒子問起此事,他的兒子根本不知道有這麼一回事。老漢心想,肯定是遇到鬼了,明日若再遇到,定將他斬首。第二天,老漢抱著殺鬼的想法出了門。他兒子擔心他又喝醉了,回不了家,於是就出去找他。老漢看見兒子來了,以為又是奇鬼幻化而成,揮刀將其砍死,卻不知這是他親生兒子。因此,作者呂不韋感歎:"夫惑於似士者,而失於真士,此黎丘丈人之智也。疑似之跡,不可不察,察之必於其人也。"後來,常用"黎丘丈人"來形容只拘泥於事物表像,不辨內在本質,進而犯下嚴重錯誤的人。

《論語·顏淵》中有一則:"齊景公問政於孔子。孔子對曰:'君君、臣臣、父父、子子。' 公曰:'善哉!信如君不君,臣不臣,父不父,子不子,雖有粟,吾得而食諸?'"其中的"不"字解釋為不像,在謎中,是黎丘奇鬼裝扮成老漢的兒子,並非他兒子本人,所以沒有"不像"之說,應別解為"不是"。謎底為"子不子",扣合謎意。

閣中帝子今何在(打《孟子》句一)。

謎面出自唐代詩人王勃的《滕王閣詩》:"閣中帝子今何在?檻外長江空自流。"滕王閣是江南四大名樓之一,氣勢雄偉,但是無論如何壯麗輝煌,人總是要離去的,比不上滾滾而流的長江之水,比不上屹立不倒的滕王閣。

詩人最後發問："閣中帝子今何在？"閣中帝子正是唐太宗的內弟，滕王李元嬰。其實詩人心中早已有答案，不必發問，滕王李元嬰定是早已離去了。《孟子·滕文公上》中有"滕固行之矣"一句，"滕"原是指滕國，在這裡別解為滕王李元嬰，全句可理解為滕王早就已經離開了。一問一答，扣合謎意。

馬頭娘（打《孟子》句一）。

馬頭娘是中國古代神話傳說中的蠶神，因其馬頭人身而得名。《通俗編·神鬼》中記載："古代高辛氏時，蜀中有蠶女，父為人劫走，只留所乘之馬。其母誓言：誰將父找回，即以女兒許配。馬聞言迅即賓士而去，旋父乘馬而歸。從此馬嘶鳴不肯飲食。父知其故，怒而殺之，曬皮於庭中。蠶女由此經過，為馬皮卷上桑樹，化而為蠶，遂奉為蠶神。"馬救回其父，可蠶女之父卻恩將仇報，將馬斬殺，將馬皮曬在庭院之中。後來蠶女從旁經過，被馬皮卷起掛在桑樹之上，幾日後蠶女已然變成了蠶蟲。

《孟子·盡心上》中有"匹婦蠶之"一句，意為平民婦女養蠶制絲。在此謎中可會意為那匹馬的馬皮將蠶女幻化成蠶，扣合謎意。

趙朔真孤猶未滅（打《孟子》句一）。

謎面出自典故"搜孤救孤"，又名"趙氏孤兒"。春秋時期，晉靈公無道，奸臣屠岸賈殘害趙盾全家，趙朔之妻莊姬公主躲入皇宮產下一子，並交由程嬰秘密帶出。屠岸賈為求斬草除根搜捕趙朔遺孤。程嬰獻計，將自己的孩兒假扮趙氏遺孤，令公孫杵臼帶之上首陽山。屠岸賈聞風帶兵攻上首陽山，殺了公孫許臼和假的趙氏遺孤。程嬰則暗中將真正的趙氏遺孤撫養成人。

《孟子·盡心下》中有"而何其血之流杵也"一句，意為流血之多以致杵都漂浮起來。在謎中，"杵"字可會意為公孫杵臼，那麼，"而何其血之流杵也"可理解為，為何流血的會是公孫杵臼呢？扣合謎面中屠岸賈誤以為公孫杵臼攜帶趙氏遺孤而將其殺害一事。

七、張黎春燈合集選錄

自嫁黔婁百事乖（打《易經》句一）。

謎面出自唐代詩人元稹的《遣悲懷三首》（其一）："謝公最小偏憐女，自嫁黔婁百事乖。顧我無衣搜藎篋，泥他沽酒拔金釵。野蔬充膳甘長藿，落葉添薪仰古槐。今日俸錢過十萬，與君營奠複營齋。"黔婁家境貧寒，身份低微，但黔婁夫人施良娣卻是出身豪門的一個千金小姐。她非常喜歡黔婁，甘願清苦貧寒，嫁雞隨雞，嫁狗隨狗，不顧父母反對，嫁於黔婁為妻，過著終日為衣著苦惱、為生存擔憂的日子而無怨無悔。詩人元稹引用這個典故，字裡行間無不透露著他對妻子的懷念之情，雖然生活拮据，貧賤不堪，但是心中有愛、有情，也是幸福美滿的。

《易經·睽卦》中有"睽孤遇元夫，交孚，厲，無咎"一句。"遇"字有"嫁"的含義，《詩經·王風·中穀有蓷》中有云："有女仳離，條其嘯矣。條其嘯矣，遇人之不淑矣。""元"字別解為元稹；"夫"即丈夫。因此，"遇元夫"三字可理解為嫁於丈夫元稹。詩人借施良娣不顧萬千阻撓嫁於黔婁這一典故來形容自己與妻子相愛之不易。

不如戰也（打《詩經》句一）。

謎面出自《左傳·僖公二十八年》，楚國與晉國開戰，晉文公因先前在楚國受過恩惠，如今若是兵戎相見，豈不是有忘恩負義之嫌，於是下令不開戰。可是楚軍的將軍子玉卻帶兵窮追不捨，多方擾亂，晉軍將士也急躁不安，公曰："若楚惠何？"欒貞子曰："漢陽諸姬，楚實盡之。思小惠而忘大恥，不如戰也。"

《詩經·小雅·鶴鳴》中有一句："它山之石，可以攻玉。"原意為，其他山上的上好石頭可以雕琢成精美玉器。這裡，"攻"字別解為攻打；"玉"字別解為子玉。"可以攻玉"可理解為可以攻打子玉，在當時戰與不戰的尷尬情況下，這種做法既不失義，也不失理，是兩全其美之策。

正是江南好風景（打《左傳》句一）。

謎面出自杜甫的《江南逢李龜年》："江南好風景，落花時節又逢君。"李龜年是唐玄宗時期的梨園樂師，後遭逢安史之亂，出皇宮，流落江南，與杜甫不期而遇。二人回想起當初在京城相見時是何等風光，如今時過境遷，物是人非了，不免讓人感慨萬千，詩人方才作下此詩。

《左傳·桓公十二年》中有"又會於龜"一句。"龜"是一個地名，這裡別解為李龜年，"又會於龜"原意為在龜地相逢，這裡意為再次與龜年相遇。老友相隔多年終重逢，分別時風華正茂，前途無量，相遇時二人皆是潦倒不堪，不免有些感傷。

海內風塵諸弟隔（打《左傳》句一）。

謎面出自杜甫的七言格律《野望》："海內風塵諸弟隔，天涯涕淚一身遙。""風塵"是指安史之亂導致的戰火連天，社會紛亂動盪不安。杜甫只與杜占一起入蜀，其餘三兄弟杜穎、杜觀和杜豐全部離散，詩人感懷兄弟離散，家不成家，而作此詩。《左傳·隱公三年》中有"少陵長，遠間親"一句。"陵"通"凌"，欺凌之意。這句話原意為，年輕的人欺凌年長的人，疏遠的人離間親密的人，與"賤妨貴，新間舊，小加大，淫破義"合稱六逆。"少陵"二字可別解為杜少陵，杜甫自號少陵野老，世稱杜少陵。再去其斷句，可曰"少陵長遠間親"，意為杜甫長時間與親人分離，與謎面手足分離相扣。

把劍覓徐君（打《儀禮》句一）。

謎面出自杜甫的《別房太尉墓》，其中一句為："對棋陪謝傅，把劍覓徐君。"此詩句實則引用了"墓上掛劍"這一典故。據西漢劉向編著的《說苑》中記載，吳國季箚受命出使晉國，路經徐國。徐國的國君非常熱情地接待了他，離別之際他發現徐國國君非常喜愛他的佩劍，雖然沒有言明，但是喜愛之情已經現於臉上。季箚決心把佩劍贈予他，只是因為出使需要，只好等回程之時路過徐國，再贈送給他。可誰知，等到季箚回來之時徐國國君已然去世了，於是季箚解下佩劍掛在他墳前的樹上。房太尉房琯是詩人的老友，為人正直，病逝於閬州，詩人路經閬州，到老友的墳頭看望，遂作此詩，自比季紮，以祭亡友。

《儀禮·特牲饋食禮》中有"掛於季指"一句。《左傳·昭公二十六年》中有云："亦唯伯仲叔季圖之。""季"是最小的意思，"季指"也就是小指，但在此謎中，"季"字別解為季紮。全句可理解為劍仍然握於季紮的手中，與謎意相扣。

赤鳳為姊來耳（捲簾格·打《易經》句一）。

謎面出自漢代伶元的《趙飛燕外傳》："赤鳳始出少嬪館，後適來幸，時十月五日。宮中故事，上靈安廟。是日吹塤擊鼓，歌連臂踏地，歌赤鳳來曲。後謂昭儀曰：'赤鳳為誰來？'昭儀曰：'赤鳳自為姊來，甯為他人乎？'"燕赤鳳是趙飛燕和趙合德的男寵，十月五日，宮人都應到靈安廟上香，燕赤鳳從趙合德的寢宮少嬪館走出來，正好遇到趙飛燕。於是，趙飛燕闖進少嬪館逼問。

此謎運用了捲簾格，捲簾格的格法是謎底必須在三個字以上，且可以倒過來讀。《易經·中孚卦》中有"有它不燕"一句，"燕"通"宴"，取其安閒之意。依據捲簾格的格法，猜射謎底時需將謎底倒序，因此作"燕不它有"。"燕"字別解為燕赤鳳，"燕不它有"可會意為燕赤鳳只有趙飛燕才能擁有，是趙飛燕的專寵，別人豈敢？扣合謎面中趙合德與燕赤鳳在少嬪館私會被撞破，只得尷尬地向趙飛燕說："赤鳳自為姊來，甯為他人乎？"

一聲何滿子，雙淚落君前（打《禮記》句一）。

謎面出自張祜的《宮詞二首》（其一）："故國三千里，深宮二十年。一聲何滿子，雙淚落君前。"這是一首宮怨詩，詩人描寫的是宮女淒慘的一生。《何滿子》是一首悲傷之曲，詩中宮女因此一曲被皇帝選中，飛上枝頭變鳳凰，可是這何嘗不是痛苦與無奈呢？一曲悲歌，潸然淚下。

《禮記·檀弓下》中有"歌於斯，哭於斯"一句恰好扣合謎面。"歌"字扣"一聲"；"哭"字扣"雙淚"；"斯"字指代《何滿子》。義形相扣，情義俱全。

傷心橋下春波綠，曾是驚鴻照影來（打《詞牌名》一）。

謎面出自陸游的《沈園二首》（其一）："城上斜陽畫角哀，沈園非復舊池台。傷心橋下春波綠，曾是驚鴻照影來。"一看到那座橋便勾起了心中傷心的過往，可是春水依舊清澈翠綠，曾經我在這裡見到她那美麗的倒影在此水面上驚鴻一現。《齊東野語》有言：慶元己未年，陸遊七十五歲，時隔四十多年，詩人仍然忘不了與唐婉的那份情義以及二人在沈園留下的兩首《釵頭鳳》。陸游七十五歲時重游沈園，如今唐婉早已不在人世了，那些猶在的景物又有什麼意義呢？只會讓人觸景生情。有一詞牌名曰《憶舊遊》，意為回憶起舊時遊玩的情景。

莫嫌舊日雲中守，猶堪一戰立功勳（打《爾雅》句一）。

謎面出自王維的《老將行》，為全詩最後一句。魏尚是漢文帝時期的雲中（今內蒙古地區）太守。他整軍嚴謹，勇氣過人，致使敵軍不敢侵犯，後因誤報斬敵人數而獲罪。幸得郎中署長馮唐向皇帝直諫，才赦免了罪行，恢復官職。詩人王維在塞外生活一年，深知軍旅生活之艱苦，詩人心想，只要皇帝不計前嫌任用舊臣老將，他們一定能立功回報朝廷。

《爾雅·釋天·講武》中有一句："出為治兵，尚威武也，入為振旅，反尊卑也。"古代行軍之時常以年長位尊之人在前，在練兵佈陣之時又常以年幼位卑之人在前。"出"字可別解為複出，"尚"字可別解為魏尚，"出為治兵，尚威武也"可理解為魏尚複任太守治兵，其威武不輸從前，扣合謎

留取丹心照汗青（打古文句一）。

謎面出自文天祥的《過零丁洋》："人生自古誰無死？留取丹心照汗青。"文天祥是南宋時期的大臣，也是著名的文學家，以其為國捐軀、從容就義之精神為後人傳頌。此詩作於文天祥被元軍俘獲的第二年，張弘範逼他寫招降信，當時正過零丁洋，文天祥奮筆疾書作了此詩以表心志。詩文最後一句最

是情調高昂、氣勢磅礴，感染了諸多後人。

　　東晉書法家王羲之的《蘭亭集序》中有"後之覽者，亦將有感於斯文"一句可扣謎面。意為，以後的讀者，必定會對這詩文有所感慨。入迷之後一語雙關，句末的"文"字，可理解為《過零丁洋》這首詩文，亦可理解為文天祥。當然，無論是詩文還是文天祥之事蹟，後人觀之，都將有所感慨。

八、春謎大觀

紅顏棄軒冕（打古文句一）。

謎面出自李白的《贈孟浩然》，其中有一句："紅顏棄軒冕，白首臥松雲。"孟浩然在年輕的時候對官位爵祿極為不屑，他高風亮節，不為仕途，李白對他更是敬佩之至，於是說："吾愛孟夫子。"王勃的《滕王閣序》中有"孟嘗高潔"一句。孟嘗，字伯周，是東漢的一個官吏，他高尚廉潔，從不搜刮民脂民膏，還廢除惡習，固有典故"珠還合浦"一說。謎中，"孟"字別解為孟浩然；"嘗"通"常"，取其一如既往之意。因此，"孟嘗高潔"可理解為孟浩然一直都是高尚清潔。

等請纓之弱冠（打古文句一）。

謎面出自王勃的《滕王閣序》："無路請纓，等終軍之弱冠。"引用終軍請纓的典故。終軍，字子雲，是西漢時期著名的外交家和政治家。十八歲之時便得到漢武帝劉徹的賞識，官拜謁者給事中，後升為諫大夫，還出使匈奴、南越。後南越作亂，他請求漢武帝賜他長纓出使南越，終說服南越王歸順朝廷。他請纓平越一事使得大多南越官員記恨在心，漢元鼎五年（120年），南越國丞相呂嘉將其殺害，年僅二十歲，有"終童"之稱。

李密的《陳情表》中有"無以終餘年"一句，"餘"通"餘"，意為沒有辦法度過剩下的日子。在這裡，"終"字捨棄原意，別解為終童終軍。"無以終餘年"一句可理解為終軍剩餘的日子也就沒有了。少年得志，二十而終，英年早逝，不甚可惜，扣合謎面。

日成一曲，只許小紅知（打唐詩句一）。

此謎前半句是用離合之法，後半句是用會意之法。"日成一曲"，因為"曹"字可分為"一""曲""日"，所以有"分曹"之意。"只許"有"限制"之意，"小"即"微小"，"紅"可會意為"紫紅"。唐代詩人岑參的《寄左省杜拾遺》中有"聯步趨丹陛，分曹限紫微"一句。詩中的後半句恰好可作為謎底。

顛當口銜鳳鉤，微觸以齒。忽覺媚情一縷，由趾而上（打唐詩句一）。

謎面出自清代小說家蒲松齡的《聊齋志異·嫦娥》："嫦娥解頤，坐而蹴之。顛當仰首，口銜鳳鉤，微觸以齒。嫦娥方嬉笑間，忽覺媚情一縷，自足趾而上，直達心舍，意蕩思淫，若不自主。"蒲松齡筆下的嫦娥不像神話故事中的嫦娥一樣，孤身居於廣寒宮，終日與玉兔為伴，難免淒涼，而是下嫁人間，相夫教子，過著尋常百姓的生活。宗子美承其父志，娶嫦娥為妻，後來又納了顛當為妾。嫦娥為正，顛當為側，嫦娥正襟危坐，顛當銜履服侍，嫦娥倍感欣慰，由腳趾而發散。

蒲松齡

唐代詩人丘為的《尋西山隱者不遇》中有一句："及茲契幽絕，自足蕩心耳。"這首詩是寫詩人隱居之生活，如此愜意清幽的地方足以洗滌我的心與耳。在謎中，"自"字可別解為自從；"足"字別解為腳，扣"趾"；"耳"可視為語氣副詞，罷了。"自足蕩心耳"可理解為從腳到心都覺得舒心蕩漾，有從下而上之意，扣"由趾而上"。

君自故鄉來（打《三字經》句一）。

謎面出自唐代詩人王維的《雜詩三首》（其二）："君自故鄉來，應知故鄉事。來日綺窗前，寒梅著花未？"詩人客在他鄉，見到一位來自家鄉的客人，不禁向他詢問家鄉之事。但是詩人不問他事，唯獨問他家鄉的寒梅是否已經開花。《三字經》中有"知某數"一句。古時候,"梅"字寫作"槑",後來簡化為"呆"。據《本草綱目》記載,後來"呆"字被書家訛化為"某"。《說文解字》有曰:"某,酸果也。從木,從甘。"清代徐灝的《說文解字·注箋》中也有記載:"'某'即今酸果'梅'字。"因此,這裡的"某"字可別解為寒梅。"數"字可別解為氣數。那麼,"知某數"可理解為知道家鄉寒梅的氣數。君自故鄉來,應知寒梅數。

青女素娥俱耐冷,月中霜裡鬥嬋娟(打京劇志目一)。

謎面出自唐代詩人李商隱的七言絕句《霜月》:"初聞征雁已無蟬,百尺樓高水接天。青女素娥俱耐冷,月中霜裡鬥嬋娟。"神話傳說中,青女就是降霜仙子,掌管著霜雪之變化;素娥即嫦娥,是月中女神。二位仙子均是美豔動人。謎面之意為,二位仙子正在爭風斗豔。

京劇中有《二美爭風》一幕,用作謎底正為合適。"二美",原是指薛金蓮和樊梨花,這裡別解為青女與素娥;"爭風",原意為比劍爭雄,這裡別解為比美鬥豔。

李商隱

熊羆入夢黃昏後(徐妃格·打藥名一)。

"熊羆入夢",是古代祝賀他人喜得貴子之意,又作"夢熊有兆"。出自《詩經·小雅·斯干》:"維熊維羆,男子之祥。"明代趙弼的《蓬萊先生傳》中也有言:"已見熊羆入夢,行看老蚌生珠。"

徐妃格的格法是謎底每個字都具有相同偏旁,可都去掉偏旁剩下半個字。中藥中有一味名為"櫻桃核"的藥,據《江蘇植藥志》記載,櫻桃核可治麻疹透發不暢;消疳瘤,滅瘢痕。根據徐妃格的格法,同去"木"字旁,留下"嬰兆亥"三字。"熊羆入夢"即有嬰兒降生之兆,扣"嬰兆"二字。舊時黃昏乃是戌時,"黃昏後"即戌時之後,便是亥時,扣"亥"字。

當然,謎面可去掉"黃昏後",單以"熊羆入夢"作為謎面,也可成謎,但是未免過於單一,缺乏別解之韻味。

圍爐說鬼（打《四書》句一）。

謎面可分為兩件事，即圍爐與說鬼。在寒冷之夜，眾人圍著火爐，備感溫暖，但是談到鬼的時候又難免使旁聽之人戰慄。《論語·子張》中有"即之也溫，聽其言也厲"一句。原意為，越是靠近子張就越覺得他為人溫和，但聽到他說話又覺得他很嚴厲。"之"字可別解為火爐；"其"字可別解為圍爐而坐之人。因此，"即之也溫，聽其言也厲"可理解為靠近火爐備感溫暖，聽到眾人說鬼又覺得害怕，扣合謎意。

張桓侯親查戶口（打唐詩句一）。

張桓侯即張飛，字翼德，是劉備的結義兄弟。手執一杆丈八蛇矛，驍勇無比，斬敵軍上將首級如探囊取物，可惜後被范強、張達二人刺殺，追諡為"桓侯"。謎面中"親查戶口"需親自到尋常百姓家走訪。唐代詩人劉禹錫的《烏衣巷》中有"飛入尋常百姓家"一句，舊時王導、謝安家的燕子如今已飛到尋常百姓家中了。這是一首懷古詩，是詩人對世事無常的感慨。在此謎中，"飛"不再是王謝家的燕子，而是別解為張飛。

寧薇蕨而死，不周粟而生（打書目一）。

謎面記敘的是《史記》當中的一個故事，《史記·伯夷列傳》中有言："武王已平殷亂，天下宗周，而伯夷、叔齊恥之，義不食周粟，隱於首陽山，采薇而食之。及餓且死，作歌，其辭曰：'登彼西山兮，采其薇矣。以暴易暴兮，不知其非矣。神農、虞、夏忽焉沒兮，我安適歸矣？於嗟徂兮，命之衰矣。'遂餓死於首陽山。"商紂王即帝辛暴政，周武王姬發推翻了商朝的統治，建立了西周，至此天下無不歸降。然而伯夷、叔齊卻寧可隱居於首陽山，終日以野菜充饑，也不肯吃西周的糧食，最後餓死在首陽山上。他們的固執使他們斷送了自己的性命，但是他們的堅持和志向又為人所敬佩。南宋洪邁有一部小說集《夷堅志》，取名於《列子·湯問》，"大禹行而見之，伯益知而名之，夷堅聞而志之。"這裡，"夷"字別解為"伯夷"，"夷堅志"可理解為伯夷堅持的志向，扣謎面中他寧死不食周粟一事。

吾聞其語矣，未見其人也（打俗語一）。

謎面出自《論語·季氏》，其中一則為："子曰：'見善如不及，見不善如探湯。吾見其人矣，吾聞其語矣。隱居以求其志，行義以達其道。吾聞其語矣，未見其人也。'"孔子說，我只聽到過這樣的話，卻沒有見過這樣的人。入謎之後卻並非此意，謎面可別解為，聽到他的話卻未見他的人。正如"丹唇未啟笑先聞"的王熙鳳，人未出場，聲音先到；也如《三國演義》中的蔣幹，未見其人，先聞其聲。"聲音"扣"白"字，謎底為"白露身弗露"，聲音已經顯露，但是身體卻沒有顯露。"白露"原是二十四節氣之一，白露時節，天氣轉涼，晨有露珠，不要赤膊露身以免著涼。

九、十四家新謎選

辭家見月兩回圓（打《四書》句一）。

謎面出自唐代詩人岑參的《磧中作》："走馬西來欲到天，辭家見月兩回圓。今夜不知何處宿，平沙莽莽絕人煙。"岑參是著名的邊塞詩人，其詩作題材多以荒漠、軍旅為主，筆觸雄健，意境深遠。"辭家見月兩回圓"，詩人離家已經兩月有餘了，詩人對月思鄉、思家、思人。

《孟子·公孫醜上》中有一句："推惡惡之心，思與鄉人立，其冠不正，望望然去之，若將浼也。""望"，原意為看，這裡別解為望月，即滿月，兩個"望"字即兩次月圓，扣"見月兩回圓"；"去之"即離開，這裡"之"別解為家，扣"辭家"。因此，謎底為"望望然去之"。

山高水長（草別名）。

謎面出自劉禹錫的《望賦》："龍門不見兮，雲霧蒼蒼。喬木何許兮，山高水長。"後來多用作形容人的風範或聲譽像高山一樣高，像水一樣長，永遠存在，影響深遠。北宋文學家范仲淹的《嚴先生祠堂記》中有一句："雲山蒼蒼，江水泱泱，先生之風，山高水長！"文中的"嚴先生"即嚴光，字子陵，是東漢著名的隱士，以高風亮節享譽天下。"高山水長"正是用來形容嚴光之風格，扣"先生之風"。因此，謎底不言而喻，即"光風"，是苜蓿的別稱。《西京雜記》卷一中記載："苜蓿一名懷風，時人或謂之光風。"當然，謎面容易使人產生誤解，倘若望文生義，容易理解為山水之風光。"風光"與"光風"雖然僅是語序不同，但意義已是千差萬別了。這正是此謎精髓之所在。

誤中副車（打《詩經》句一）。

謎面出自西漢文學家司馬遷的《史記·留侯世家》："良嘗學禮淮陽。東見倉海君。得力士，為鐵錘重百二十斤。秦皇帝東遊，良與客狙擊秦皇帝博浪沙中，誤中副車。秦皇帝大怒，大索天下，求賊甚急，為張良故也。良乃更名姓，亡匿下邳。"張良，字子房，是秦末漢初時期著名的謀士。秦始皇統一六國之後，張良想復蘇韓國，於是買雇殺手，準備暗殺嬴政。可是嬴政自知兇險異常，經常故布疑陣，而置身事外，因此，當殺手向其車駕投擲鐵錘時，嬴政已不在車中。司馬遷以"誤中副車"四字記之。

司馬遷

《詩經·大雅·文王之什·皇矣》之中有"維此二國，其政不獲"一句，原意為殷商之國的政令不孚眾望。"政"字可別解為秦始皇嬴政，"其政不獲"可理解為嬴政沒有被擒獲。與謎面形成因果關係，因為"誤中副車"，所以"其政不獲"。

猶帶昭陽日影來（打唐代人名一）。

謎面出自唐代著名詩人王昌齡的《長信秋詞》（其三）："奉帚平明金殿開，且將團扇共徘徊。玉顏不及寒鴉色，猶帶昭陽日影來。"這是一首宮怨詩。《三輔黃圖》中有記載："後宮八區，有昭陽……等殿。"謎面中的"昭陽"即昭陽殿，是飛燕合德姊妹居處的寢宮。可惜皇帝恩寵不在，往日風光不再，終日受困於宮中，感歎自己竟然不如一隻烏鴉。宮人想像，烏鴉飛出昭陽殿，應該會帶有由昭陽殿上的日光所造成的影子。舊時以"日"象徵君王，自然而然，"日影"有承恩之意。通解全詩之後，不難發現，謎面的言外之意為烏鴉代替了宮人承受皇帝的恩寵。唐玄宗時期的平盧先鋒名為烏承恩，作為謎底，扣合謎意。

金盤玉箸無消息（打《禮記》句一）。

謎面出自杜甫的七言律詩《野人送朱櫻》，其中一句為："金盤玉箸無消息，此日嘗新任轉蓬。"詩文的前一句為："憶昨賜沾門下省，退朝擎出大明宮。"鄰人送以水果，詩人回想起自己在門下省任職之時，賞賜的水果都是用金盤玉箸裝載的，如今離開朝廷，往後不會再有金盤玉箸了，言外之意就是不會再有賞賜的水果了。

《禮記・檀弓下》中有"弗果班"一句，"班"通"頒"，原意為沒有頒布結果。在這裡，"果"字別解為水果，意為沒有水果賞賜了，與謎面的"無消息"相扣。

與元禮同以狀申（打書目一）。

武則天

謎面講述的是一個發生在武則天統治時期的故事。《舊唐書》中記載："時用法嚴急，日知獨寬平，無冤濫。嘗免一死囚，少卿胡元禮請斷殺之，與日知往復至於數四。元禮怒，曰：'元禮不離刑曹，此囚終無生理。'答曰：'日知不離刑曹，此囚終無死法。'因以兩狀列上，日知果直。"武則天時期，大興牢獄，執法甚是嚴格，但是司刑丞李日知卻清正廉明，從不濫用私刑，也無冤獄。有一次，李日知發現一個死囚是無罪的，想釋放他，可是當時的少卿胡元禮卻堅決不讓，認為應該將他處死。二人同時寫了狀表交予皇帝，武則天看後同意了李日知的做法。明代著名學者顧炎武有一作品名為《日知錄》，是他每日的圖書箚記，書名之意為記錄每日所收穫的東西。謎人獨具匠心，將"日"字與"知"字合併，別解為李日知，"錄"字別解為錄用。因此，"日知錄"可理解為李日知的意見被採納了，正是"與元禮同以狀申"之結果。

秋風不相待，先至洛陽城（打戲目一）。

謎面出自唐代張說的《蜀道後期》："客心爭日月，來往預期程。秋風不相待，先至洛陽城。"遊子歸心似箭，時常計算回鄉日期，可惜計畫不如變化，在途中耽擱了數日，要比預定日期稍晚幾日。但是詩人不直抒胸臆，反而出人意料，埋怨秋風先至，將思緒與情懷全部寄託於此。《三國演義》中有一橋段，名為《反西涼》，說的是馬超進軍西涼，討伐曹軍，為征西將軍馬騰報仇。而詩人是想返回洛陽，等到了洛陽卻發現洛陽的秋風已經轉涼了，秋風即西風，扣出"反西涼"。回鄉耽擱，秋風涼，人心也涼。

癲狂柳絮隨風舞（打藥名一）。

謎面出自杜甫的《絕句漫興九首》（其五）："腸斷江春欲盡頭，杖藜徐步立芳洲。顛狂柳絮隨風去，輕薄桃花逐水流。"這首詩寫於杜甫居住於成都草堂第二年的春季，楊柳依依，桃花爭艷，詩人興之所至，隨意走走，也隨意寫寫，看見眼前景物，因作此詩。詩人雖遠離廟堂，但是居廟堂之遠則憂其君，詩人並沒有忘記家破國難，安逸之中的楊柳、桃花在詩人眼中都似乎帶著一些輕佻腐敗之味。謎人不是詩人，在引用此詩句之時摒棄了詩人的原意，只是注重字義。"柳絮"即楊花，"癲狂"與"隨風舞"似乎有嬉鬧之意，扣出"鬧楊花"。"楊"與"羊"同音，因此，謎底為"鬧羊花"，它有袪風除濕、活血行瘀、麻醉止痛之功效。

輕煙碧柳繞天臺（打《聊齋志異》志目一）。

謎面是謎人自創的，讀之朗朗上口，品之意境優美。謎面中的"天臺"是浙江名山——天臺山。天臺山是佛教天臺宗祖庭和道教南宗祖庭的所在地，佛宗道源，人傑地靈。在歷代眾多的文學作品中多以"仙境"來形容天臺山。湯顯祖的《牡丹亭》中便有一句，"一徑落花隨入水，今朝阮肇到天臺。"《聊齋志異》中有一目名為《雲翠仙》，可作為謎底。輕煙有如雲霧，扣"雲"字；碧柳青綠如翡翠，扣"翠"；天臺仙境，扣"仙"字。

嫩日烘窗釋硯冰（打《四書》句一）。

謎面出自陸遊的《冬晚山房書事》，其中一句為："凍雲傍水封梅萼，嫩日烘窗釋硯冰。"此謎的謎面簡單明瞭，陽光透過窗戶射進來，使得硯臺上的冰漸漸融化了。《孟子·盡心上》中有一句："夫君子所過者化，所存者神，上下與天地同流，豈曰小補之哉？"君子經過的地方，其人們都被感化。在此謎中，"化"並非"感化"之意，而是別解為"融化"。因此，"所到者化"

可理解為經過的地方就會融化，扣合謎面的陽光釋冰。

春娥訓子，元稹貶官（打《西廂記》句

　　謎面是由兩個故事組成。"春娥訓子"是清初著名劇作家和戲曲理論家李漁的《無聲戲》中的一回，改編成了京劇，又名《三娘教子》。戲中薛家原是名門望族，薛廣有三位妻子，其妾劉氏有一字，乳名倚哥。後家道中落，薛廣離世，兩位夫人紛紛改嫁，只有王氏決心撫養倚哥成才。王氏正是倚哥的三娘。元稹是唐代著名的詩人，官至監察御史，後因觸犯宦官而遭貶，被流放江陵。元稹排行第九，因此元稹又稱元九。"春娥訓子"扣"三教"；"元稹貶官"扣"九流"。因此，謎底為"三教九流"。

國家圖書館出版品預行編目（CIP）資料

中華文化叢書：燈謎 / 朱致翔 編著. -- 第一版.
-- 臺北市：崧博出版：崧燁文化發行, 2019.05
　　面；　公分
POD版

ISBN 978-957-735-877-6(平裝)

1.燈謎 2.中國文化

541.26208　　　　　　　　　　　　　10800698

書　　名：中華文化叢書：燈謎
作　　者：朱致翔 編著
發 行 人：黃振庭
出 版 者：崧博出版事業有限公司
發 行 者：崧燁文化事業有限公司
E - m a i l：sonbookservice@gmail.com
粉 絲 頁：　　　　　網　址：
地　　址：台北市中正區重慶南路一段六十一號八樓815室
8F.-815, No.61, Sec. 1, Chongqing S. Rd., Zhongzheng
Dist., Taipei City 100, Taiwan (R.O.C.)
電　　話：(02)2370-3310　傳　真：(02) 2370-3210
總 經 銷：紅螞蟻圖書有限公司
地　　址:台北市內湖區舊宗路二段121巷19號
電　　話:02-2795-3656　傳真:02-2795-4100　　網址：
印　　刷：京峯彩色印刷有限公司（京峰數位）
　　本書版權為西南師範大學出版社所有授權崧博出版事業股份有限公司獨家發行電子
　書及繁體書繁體字版。若有其他相關權利及授權需求請與本公司聯繫。

定　　價：320元
發行日期：2019年05月第一版
◎ 本書以POD印製發行